Wolfgang Menzel

**Kritik des modernen Zeitbewusstseins**

Wolfgang Menzel

**Kritik des modernen Zeitbewusstseins**

ISBN/EAN: 9783743438477

Hergestellt in Europa, USA, Kanada, Australien, Japan

Cover: Foto ©Suzi / pixelio.de

Manufactured and distributed by brebook publishing software (www.brebook.com)

Wolfgang Menzel

**Kritik des modernen Zeitbewusstseins**

ist der Revolution bisher noch in jeder Ruheperiode förderlicher als alles andere gewesen. Mit offener oder geheimer Zustimmung des gebildeten Publikums wird nämlich der Unglaube fort und fort in den tiefern Schichten der Gesellschaft verbreitet, theils durch den Volksunterricht (wurzelnd in den meist vom unchristlichen Geist durchdrungenen Schullehrerseminarien), theils durch die Presse, besonders durch die nichtswürdigsten Lokalblätter. Die Zahl derer, die nichts mehr glauben, wächst im Volk und namentlich in der Jugend immer ungeheuerlicher an, und ihr Unglaube äußert sich, wie es nicht anders möglich ist, in den rohesten und brutalsten Formen. Was katholische und protestantische Gläubige dagegen wirken, wird vom Philisterium nicht weniger als von der destructiven Partei verdächtigt. Wirkt die Kirche allein, ohne Zustimmung des Staats, so glaubt man die fürchterlichste Hierarchie im Anzug. Wird die Kirche vom Staate unterstützt, so schreit das ganze Philisterium unisono mit der Demokratie über Reaction und Gewissenszwang. Unter diesen Umständen erklärt sich, wie nicht nur in der vormärzlichen Zeit Dr. Strauß, Ruge, Bruno Bauer das Christenthum bereits in Abgang detretiren, sondern auch noch in der nachmärzlichen Zeit Männer wie Diesterweg ꝛc. ihre Utopien nochmals zur Schau stellen konnten. Das Philisterium, welches solchen Richtungen fort und fort seinen Beifall schenkt, weiß selber nicht, was es thut, denn es will selber keine Revolution und arbeitet ihr doch in die Hände. Es gleicht der armseligen Grasmücke, die vor dem riesenhaften Kuckuckskind in ihrem Neste beständig zittert und es doch in dummer Liebe groß und immer größer füttert.

Von einem höheren Gesichtspunkt erscheint dieses Treiben ganz troftlos und wie ein Wahnfinn. Man wird dabei an die Schilderungen erinnert, welche uns die Propheten vom Volke Gottes hinterlassen haben. Dieselbe Verstocktheit und Blindheit, derselbe Trotz, dieselbe Bequemlichkeit, dieselbe sich klug dünkende Thorheit, derselbe falsche Eifer kehrt in unsern Tagen wieder. Ueberall dient man fremden Götzen und hofirt falschen Propheten. Daß eine große Zukunft bevorstehe, glaubt Jeder, und man sucht den Messias, nur nicht da, wo er ist. Man rechnet sich die Sünde als Tugend, die Gottlosigkeit als Religion an. Die Sünden gegen den heiligen Geist waren noch in keiner Zeit der Weltgeschichte so frech, als in der heutigen. Noch aber hat jede Gottlosigkeit der Völker ihre furchtbare Strafe gefunden, und wird sie wieder finden. Der Taumelkelch der Völker birgt in seiner Hefe den bittern Tod. Man wird sehen, wie man ohne Gott und ohne Kirche auskommt, wenn die Revolution ihre letzten plutonischen Hebungen unter den Füßen der selbstgerechten Philister beginnen wird.

## 21.
### Von der beginnenden Auflösung der Familie.

Der moderne Zeitgeist verlangt principiell die Emancipation des Individuums von jeglichem Bande, von jeglicher Schranke. Es soll nicht mehr gebunden seyn an Gott und seine Gebote; darum wird Gott selbst und die Autorität der Bibel geleugnet, auch kein Kirchengebot mehr als verbindlich erachtet. Auch der Staat soll sich mit einem Minimum von Pflichten, die er ihm auflegt, begnügen und jedenfalls nicht über dieses verfügen dürfen, außer durch

Vermittlung der von allen Individuen gewählten Gesetzgebung. Ebensowenig soll die Gemeinde das Individuum einschränken dürfen, und die Corporationen, die Genossenschaften sind ohnehin verschwunden. Es bleibt nur noch übrig, das Individuum auch noch von den Familienbanden loszumachen.

Noch halten diese Bande als die letzten den größern Theil der Menschheit mit einer gewissen Gewohnheitszähigkeit fest, während eine Minderheit sich schon von ihnen losgerissen hat und die Veranlassungen zum Losreißen sich auf allen Seiten vermehren. Vor allem werden diese Bande nicht mehr im Ernst für heilig gehalten, wie man überhaupt nichts mehr für heilig hält, was den Menschen im gegebenen Falle genirt. Wer sich gewöhnt hat, unbedingte Freiheit im Staat und in der Gemeinde anzusprechen, läßt sich auch nicht mehr gern durch eine zarte Rücksicht auf Frau und Kinder binden, und wenn man ihm von Heiligkeit seiner Verpflichtung vorredet und moralischen Zwang anthun will, so wird er nur noch widerspenstiger. Luxus und Genußsucht, das schlechte Beispiel der Theater und Romane tragen zur Verführung bei. Ehebrüche, leichtsinniges Verlassen von Weib und Kind und heimliche Flucht nach Amerika sind etwas ganz Gewöhnliches unter den Männern; desgleichen Ehebrüche, Prostitution, sogar käufliche mit Wissen des Mannes, unter den Frauen. Deßhalb hat die Gesetzgebung selbst und zwar ganz im Geist der Zeit es vorgezogen, anstatt dem Verbrechen zu steuern, es nicht mehr in einem so hohen Grade wie früher als Verbrechen anzusehen, um wenigstens den Schein zu retten und damit die Sache nicht mehr so viel Aufsehen mache. Durch die äußerste Erleichterung der Ehescheidung kommt man nun allerdings

in manchen Fällen dem Ehebruch zuvor, vergißt aber, daß
man damit das ganze Institut der Ehe offiziell entheiligt
und discreditirt. Das Gesetz erlaubt Dinge, die in christ=
lichen Ländern bisher unerhört waren, wenn auch Aehnli=
ches in den verworfensten Zeiten des altrömischen Kaiser=
thums vorgekommen ist. Man möge darüber das Werk von
Parent=Duchatelet über die Prostitution in Paris nachlesen.
Einen Beitrag dazu liefern auch die s. g. Louisheirathen
in Berlin.

Doch wir wollen uns auf die Corruption in den großen
Städten nicht einlassen, die von jeher ein schwarzer Fleck
in der Weltgeschichte war und bleiben wird. Auch die Cor=
ruption der höheren Stände, die von jeher aus dem Ueber=
muth des Wohlseyns entsprang und die im höhern oder
geringern Grade immer wiederkehrt, lassen wir als unver=
meidliches Uebel bei Seite liegen und fassen nur die große
Masse der mittlern Classen ins Auge, die der Corruption
weniger zugänglich waren, ehe der moderne Zeitgeist der
Verführung alle Thore öffnete. Das Schlimmste dabei ist,
daß künstliche Nothstände herbeigeführt worden sind, welche
die frühere Zufriedenheit der Mittelclassen grausam gestört
haben. Wäre man aufrichtig, so würde man es eingestehen
und würde darüber klagen. Aber man schämt sich aus
Hochmuth und nimmt lieber den Schein der Befriedigung
an. In wie vielen Wohnungen der Mittelclassen, der s. g.
Honoratioren, ist ein Salon mit schönen Möbeln zu finden
und sind die Damen des Hauses kostspielig nach der neue=
sten Mode gekleidet, wird mittelmäßig Musik getrieben, wird
unnützer Tand gestickt und gehäkelt, während die Familie,
um diesen Aufwand zu bestreiten, sich oft kaum satt zu essen
wagt. Die Anstellungen im Staate gewähren nur eine

kleine Jahreseinnahme, während alle Lebensbedürfnisse theurer werden und der Anstand verlangt, daß man alle Moden mitmache. Das kleine Gewerbe, die kleine Kaufmannschaft können je länger je weniger die Concurrenz aushalten. Daher die massenhafte Auswanderung junger Männer aus den Mittelclassen in die großen Städte des Auslands oder nach Amerika, wo sie mit ihrem Fleiß mehr zu verdienen hoffen. Die im Vaterland zurückbleibenden jungen Männer müssen lange in einem Amte dienen, ehe sie eine Familie ernähren können. Ebenso können viele junge Geschäftsmänner nicht heirathen, wenn sie nicht eine reiche Frau finden. Diese werden aber immer seltener. Daher bleiben so erstaunlich viele Mädchen und vorzugsweise aus dem gebildeten Mittelstande sitzen und bekommen keinen Mann. Den Mädchen selbst geschieht dadurch ein Unrecht, denn sie verfehlen ihren natürlichen Beruf, während Umgang, Bildung, Lectüre und Kunst ihre Sinne reizen. Den jungen Männern geschieht ein Unrecht, die ihr Geschlecht nicht fortpflanzen oder zu spät heirathen, oder sich der Lüderlichkeit ergeben, weil sie die Mittel nicht hatten, zur rechten Zeit zu heirathen. Der Nation selbst geschieht dadurch Unrecht, denn durch die Kinderlosigkeit starker und gesunder Männer, starker und gesunder Mädchen von schöner Race, von besserer Erziehung und Bildung geht der Nation ein höchst werthvoller Bestandtheil verloren, während ihr durch die zahlreichen Kinder des Proletariats, der entnervten Fabrikbevölkerung und der Juden ein ungleich minder werthvoller Bestandtheil zuwächst. Auch durch die Geldheirathen wird die Race selten verschönert, die Sitte veredelt. Nicht zu reden von der Ueberzahl unehelicher Kinder, die so häufig von Geburt an für die Corruption bestimmt scheinen, weil derselbe Nothstand, oder dieselbe Gewissenlosigkeit, welche ihre Eltern zur Ehelosigkeit verdammte, sie auch hindert, für die Bastarde zu sorgen.

Würde man die Statistik der europäischen Länder in Bezug auf diese Fragen vergleichen, so würde man auf überraschende Ergebnisse stoßen. Eine Dame, die sich für den Stammbaum ihrer Familie besonders interessirt, wies mir vor ungefähr zehn Jahren einmal nach, daß in ihrer allerdings durch ganz Deutschland in einer gräflichen und freiherrlichen Branche ausgebreiteten Familie, damals nicht weniger als 72 Comtessen und Baronessen lebten, die aus Mangel an Vermögen keine Männer gefunden hätten. Staatsrath von Rümelin wies vor wenigen Jahren in den würtembergischen Jahrbüchern nach, daß in dem kleinen Königreich Würtemberg 90,000 heirathsfähige Mädchen mehr als heirathsfähige junge Männer existirten. Das ist unter den vielen Unnatürlichkeiten unseres socialen Lebens eine der größten und doch fährt der rasselnde Triumphwagen der Staatsweisheit des liberalen und des industriellen Fortschritts achtlos und unbarmherzig über so viele gebrochene Herzen hin.

Die Verheiratheten mit ihren Familien bleiben von den Raubgriffen des Zeitgeists nicht verschont, denn er will ihnen den eigenen Herd und die Heimat entreißen. Es liegt in der Zeit, die Bevölkerung nicht mehr in ihren festen heimatlichen Erbsitzen zu leiden, sondern fortzutreiben und in immer größern Dimensionen zu einer Art von Nomadenleben zu verurtheilen. Dazu wird nicht etwa blos die Armuth gezwungen, die Unruhe hat sich auch der Wohlhabenden bemächtigt. Vor fünfzig Jahren war das Umherziehen, der Wohnungswechsel, die Kasernirung vieler Familien in einem großen, zu diesem Zweck auf Speculation gebauten Hause, noch bei weitem seltener als jetzt. Damals galt noch das Sprüchwort: eigner Herd ist goldeswerth. Der Mensch hatte noch eine Heimat, das Kind ein Vaterhaus. Jetzt wohnt fast alles zur Miethe, und Häuserbesitz ist nur noch eine Sache der Speculation, weil der unaufhörliche Zufluß der Bevölkerung vom Lande her in den Städten den Häuserwerth erhöht.

Das ganze Familienleben war vor fünfzig Jahren einfacher als heute, in Bezug auf die Kinderzucht noch etwas strenger, in Bezug auf unbefangenen gesellschaftlichen Verkehr aber bei weitem liberaler. Insbesondere war für die weiblichen Mitglieder der Familie ungleich besser gesorgt. Zwar hatte das leidige Clavierklimpern damals schon angefangen, war aber noch lange nicht so allgemein verbreitet wie jetzt und zog die Mädchen noch nicht von nützlicher Hausarbeit ab. Arme Kinder brauchten noch nicht in Kleinkinderschulen, wohlhabende in Pensionen untergebracht zu werden. Die Eltern hatten noch Zeit und Raum übrig, um ihre Kinder unter den Augen zu behalten. Es ist nicht Noth oder Geschäftsdrang allein, was die Eltern aus dem Hause treibt, es ist Vergnügungssucht. Man will sich zerstreuen, die Saison in Bädern zubringen. Sogar in den weniger bemittelten Classen sind die Hochzeitsreisen Mode geworden. Diese leidigen Hochzeitsreisen drücken am besten die Rücksichtslosigkeit aus, mit welcher der moderne Zeitgeist alles Gemüthliche der Heimat und des Familienfriedens flieht. Der Mensch sollte von den Zugvögeln lernen, wenn es Zeit ist zum Nestbauen und wenn es Zeit ist zum Reisen. Aber das Natürliche gilt nicht mehr.

Die Hauptsache ist, daß noch vor fünfzig Jahren jungen Leuten das Heirathen sehr erleichtert war. Man sah damals nur sehr selten alte Junggesellen und alte Jungfrauen. Jetzt wimmelt es davon. Ein Freund von mir kannte in einer Stadt von 18,000 Einwohnern vor fünfzig Jahren nur zwei notable Junggesellen und im ganzen Kreise seiner Verwandten und Bekannten nur eine alte Jungfer. Man heirathete leichter, weil der Luxus noch nicht so hoch gesteigert war, weil das Einkommen noch für die Ausgaben reichte und weil die jungen Leute leichter Gelegenheit fanden, einander kennen zu lernen. Referent lebte damals vier Jahre lang in einer kleinen Stadt, wo folgende Sitte seit lange eingeführt war. Alle Jünglinge und Jungfrauen des Honoratiorenstandes vereinigten sich Sonntags zu kleinen Landpartien, zum Tanz auf einer Wiese, zum Spielen im Freien, im Winter zu geselliger Unterhaltung in einem Saal, zu einem Ball oder Concert. Davon waren alle Verheiratheten ausdrücklich ausgeschlossen. Man überließ die jungen Leute ganz sich selbst und traute ihrem Schicklichkeitsgefühl. Zugleich controlirten die Mitglieder sich gegenseitig und jeder hütete sich, die gemüthliche Harmonie zu stören. Da hatte jeder Jüngling Gelegenheit zu wählen und die Gewählte näher kennen zu lernen. Mit welcher peinlichen Aengstlichkeit werden dagegen jetzt die beiden Geschlechter von einander abgesperrt und erhebt sich Geklatsch, wo irgend ein freundlicher Blick fällt. Oder nehmen die Mädchen eigensinnige Manieren an, weil sie an vielseitigen Umgang nicht gewöhnt werden.

Der Besuch von öffentlichen Gärten in gewähltem Putz ersetzt heutzutage keineswegs, was Jugendgesellschaften, wie die oben erwähnte, und der freiere Zutritt zu den Familien leistete. Man nähert sich nicht mehr unbefangen und im Hauskleide, sondern man spielt eine Rolle, man will imponiren oder locken. Die armen Mädchen in ihren Luxuskleidern, die häufig nicht einmal zu ihrem geringen Vermögen passen, gleichen, wenn sie sich auch zu lächeln befleißigen, doch mehr oder weniger jenen Unglücklichen, die der Sclavenhändler auf dem Bazar gern an den Mann bringen möchte.

In den Städten bildeten die haushäblichen Meister sämmtlicher Handwerke den sehr achtbaren Kern der Bürgerschaft. Sie waren noch in Innungen vereinigt. Sie hielten noch auf Ehre des Handwerks, auf solide Arbeit, auf häusliche Zucht und Sitte. Die Gesellen saßen noch an des Meisters Tische. Es waren noch patriarchalische gemüthliche Zustände. Ein mäßiger Wohlstand war über die ganze Bürgerschaft verbreitet. Es gab wenig Nahrungslose. Auch der ärmere Meister konnte sich noch fortbringen. Damals durften noch keine fremden Juden mit Kleidermagazinen in die Städte einbrechen und durch Verschleiß etwas wohlfeilerer, aber auch viel schlechterer Waare dem einheimischen Gewerbe die Kunden abführen.

Früher tendirte alles einer Heimat, einer bleibenden Stätte zu, jetzt tendirt alles hinaus. Die große Auswanderung nach Amerika übt gleichsam ihren Rückschlag auf Deutschland, daß auch bei uns im eigenen Lande immer gewandert, die Wohnung gewechselt wird, auch die Stände und Berufsarten keine Heimat und keine bestimmte Grenze mehr haben. Kurz wir nordamerikanisiren immer mehr.

Am beklagenswerthesten und zugleich für die Zukunft der Völker am verhängnißvollsten ist der Verlust der Heimat und die Auflösung der Familien für die ärmere, insbesondere für die in den Fabriken arbeitende Classe. Diese Armen sind verurtheilt, entweder in Kellern und den engsten und unreinlichsten Winkeln alter Häuser oder in Arbeiterkasernen zu wohnen. In den erstern gehen die Kinder mehr physisch, in den andern mehr moralisch zu Grunde. Das extremste Elend dieser Art kommt bis jetzt nur in England vor; da jedoch das Fabrikwesen in fabelhafter Progression im übrigen Europa um sich greift, wird bald überall auch das Elend den Grad des englischen erreichen. Wo hat das kleine Handwerk, wo hat der Fabrikarbeiterstand seine Heimat? Leon Faucher erzählt in seinem Werk über die socialen Zustände Englands von einer Wohnung in London, die in einem der schmutzigsten Winkel der Stadt (in White Chapel) gelegen aus einem engen Zimmer bestand. Hier schliefen in einem Bett Vater und Mutter, ein schwindsüchtiger Sohn von zwanzig, ein scrophulöses Mädchen von siebzehn Jahren und noch ein kleines Kind. In demselben Zimmer arbeiteten den Tag über noch drei Schneidergesellen. Ein anderes kleines Zimmer war von mehreren Familien zugleich bewohnt. Ganz Aehnliches kommt auch in Deutschland vor. Ich selbst besuchte einmal einen armen jungen Mann, welcher krank geworden war. Ich fand ihn in einem alten baufälligen Hause in einer dunkeln und engen Gasse, in einem kleinen Zimmer, welches fast ganz mit einem uralten, aber nichts weniger als glänzenden Himmelbett ausgefüllt war. Darin lag der arme todtkranke Jüngling und jede Nacht legten sich seine alte Mutter und sein unfreundlicher Stiefvater zu ihm in dasselbe Bett, denn die Familie hatte keinen weitern Raum. In wenigen Tagen wurde der Stiefvater von dem lästigen Sohn befreit, dessen dankbaren Blick, als ich ihn unmittelbar vor dem Tode noch einmal besuchte, ich niemals vergessen werde..

Nun denke man sich die große Zahl der kleinen unmündigen Kinder, die in der ungesunden Luft solcher engen Wohnungen aufwachsen, häufig unter Eltern, die das Elend gottlos gemacht hat. Faucher berichtet aus der Statistik

Londons, daß daselbst binnen acht Jahren 2700 syphilitische Kinder in drei der größten Krankenhäuser aufgenommen worden seyen. Die Sterblichkeit der Kinder in den Fabrikstädten hat von Jahrzehnt zu Jahrzehnt zugenommen, wie wenigstens in England statistisch beurkundet ist, und man darf sagen zum Glück, denn in diesen Kreisen ist Sterben besser als Leben. Venedey berichtet uns im dritten Band seines Werks über England, in der großen Fabrikstadt Manchester seyen binnen neun Tagen elf Kinder durch Vernachlässigung theils verbrannt, theils ertrunken. Der schon genannte Faucher berichtet von Wolverhampton: „In den Steinkohlengruben fangen die Kinder oft mit dem vierten oder fünften Jahre an zu arbeiten. Man stellt sie als Trapper an. Hinter einem Pförtchen oder hinter einer Fallthür kauernd ist ihr Amt sie zu öffnen, um die Steinkohlenwagen hindurch zu lassen und die Thür sogleich wieder zu schließen. Wenn das Kind das Schließen vergißt, so erhitzt sich das Gas, welches der Steinkohle entströmt und kann eine Explosion verursachen. Das Kind steigt um 3 oder 4 Uhr Morgens in den Schacht, um ihn erst um 5 oder 6 Uhr Abends wieder zu verlassen. Die ganze Woche bleibt es in Dunkelheit und Feuchtigkeit allein." Noch weit mehr andere Kinder, die in den Fabriken oder Bergwerken nicht verwendet werden können, müssen zu Hause bleiben, während Vater, Mutter und ältere Geschwister den ganzen Tag über in der Fabrik zubringen. Man schläfert sie ein; früher that man das mit Branntwein, jetzt mit Opium. Venedey sagt: „Uebermaaß der Arbeit, schlechte Kost und Hunger, schlechte Kleidung und Wohnung, besonders die schlechte Luft in den Werkstätten, der Dunst der Maschinen, dann der Branntwein, womit die Eltern, wenn sie zur Arbeit gehen, unterdeß ihre Kinder daheim — einschläfern, haben in einer ungeheuern Ausdehnung die englische Bevölkerung degenerirt und entnervt, die Gestalt verkleinert und mit scrophulösen Uebeln und Schwindsucht heimgesucht, die Entsittlichung hat dabei den furchtbarsten Grad erreicht."

Der Vater arbeitet in dieser, die Mutter in einer andern Fabrik, sehen sich den ganzen Tag nicht und kommen des Nachts zusammen, häufig trunken, zanken sich und trennen sich, was man sprichwörtlich neglect of family nennt. Immer noch besser als Mißhandlung und Mord vor den Augen der Kinder, was auch vorkommt. In vielen Fabriken werden blos Weiber gebraucht, je fünfzig unter einem männlichen Aufseher. Diese bilden ihm eine Art Serail, da Erhöhung des Lohns und Beförderung von seiner Gunst abhängt. Während Frau, Schwägerin, erwachsene Töchter in der Fabrik arbeiten, muß nicht selten der Mann, wenn er schwächlich ist und weniger verdienen kann, daheim die kleinen Kinder warten, kochen, waschen ꝛc., bis Abends die Amazonen ins Haus zurückkehren.

In den Fabriken selbst werden auch ursprünglich Gesunde allmälig sittlich und noch viel mehr moralisch verdorben. Faucher sagt von Manchester, die Arbeitshitze in den Werkstätten wirke wie die Sonne unter den Tropen. „Das Zusammenhäufen so vieler Männer, Frauen und Kinder ohne ein anderes Band als die Arbeit läßt Leidenschaften aufkeimen und gedeihen, die man nicht versucht zu bändigen und die zuletzt ungehemmten Lauf finden. Die Vermischung der Geschlechter und die heiße Atmosphäre der Fabriken wirken auf den menschlichen Organismus wie die Gluth der Sonne in den südlichen Ländern; die geschlechtliche Reife tritt ein, ehe Alter und Erziehung das moralische Gefühl zur Entwicklung bringen können." Aber die Ofenhitze modificirt den Organismus noch anders als die Sonnenhitze. Sie bringt etwas Dämonisches in den Menschen hinein, während die Sonnenhitze ihn nur einfach verthiert. Die Verwilderung der Fabrikarbeiter ist eine andere und schlimmere, als die ursprüngliche Wildheit roher Naturvölker.

Man hat das Industriesystem nicht nur überhaupt übertrieben, sondern auch mit Mitteln durchgesetzt, welche schlechthin gottlos und unmoralisch und selbst nationalökonomisch nicht zu rechtfertigen sind. Denn während man die Nation durch Production von Werthen zu bereichern vermeint, bereichert man nur eine Classe von Glückspilzen und ruinirt die Masse der Nation an Leib und Seele. Was man auch dem alten Ackerbausystem mit seinem patriarchalischen Landadel verwerfen mag, das Volk blieb doch bei diesem System gesund und kräftig. Derselbe Baum, von dem zuweilen ein Zweig abgeschnitten wurde, um einen unbotmäßigen oder lüderlichen Knecht zu prügeln, bot doch ringsum Schatten und Schutz und hinreichende Früchte, wobei das Landvolk durch viele Jahrhunderte an Leib und Seele gedieh. Die moderne Fabrik dagegen gleicht dem fabelhaften Upasbaume, in dessen giftiger Nähe alles hinwelkt, siecht und stirbt.

Man begreift, daß in den Fabriken natürlich werden kann, was in der ganzen übrigen Welt unnatürlich wäre. Das communistische Ideal Fouriers, so unsinnig es denen erscheint, die etwas besitzen und in einer wohlgeordneten Familie leben, muß doch den unglücklichen Fabrikarbeitern als etwas Natürliches und Erwünschtes erscheinen. Sogar bis auf die Weibergemeinschaft und die Ueberlassung aller

Kinder an den Staat. Denn der arme Vater, der selber für sein Kind nicht mehr sorgen kann, muß verziehen, es dem Staate anzuvertrauen, anstatt es ganz zu Grunde gehen zu lassen. Der Gatte, der mit dem ihm angetrauten Weibe doch nicht mehr zusammen leben kann, dem sie untreu wird, der er untreu wird, kann das Band der Ehe nur noch als eine lästige Fessel ansehen. Unter solchen Umständen wird das Natürliche in der That zum Unnatürlichen und das Unnatürliche zum Natürlichen.

## 22.

### Von der Volkswirthschaft.

Niemals ist über Nationalvermögen, Nationalökonomie, Volkswirthschaft mehr geredet und geschrieben worden als jetzt, und doch hat man niemals schlechter gewirthschaftet als gerade jetzt.

Seit der Renaissance kamen alle Uebel des alten Heidenthums, von denen die Menschheit durch das Christenthum geheilt worden war, von neuem über die sündige Welt und auch eins der allerschlimmsten Uebel, die Geldwirthschaft. An dieser Geldwirthschaft hauptsächlich ist das altrömische Kaiserthum im Stadium seiner tiefsten Corruption zu Grunde gegangen. Die Habgier der Großen, der Günstlinge, der Reichen hatte die ganze Gesellschaft desorganisirt und in Jauche aufgelöst. Es gab keinen Bürgerstand und keinen Bauernstand mehr. Es gab nur noch eine Minderzahl von unermeßlich reichen Glückspilzen mitten unter den Sclaven. Die Reichen wohnten gewöhnlich in den großen Städten, deren Bevölkerung entweder ihre Sclaven oder ein von ihnen gefütterter und mit Circusspielen unterhaltener Pöbel war, Banditenhaufen, die ihnen zu jeder Gewaltthat dienstfertig waren. Ihren ungeheuern Landbesitz in den Provinzen ließen die Reichen ausschließlich von Sclaven unter der Aufsicht von Freigelassenen bebauen, und diese Sclavenbevölkerung war wegen harter Behandlung stets zu Empörungen geneigt, wenn sie nicht in den Stumpfsinn fiel, den die unter ihnen absichtlich geduldete Sittenverderbniß zu erzeugen pflegt. Alle Geschichtschreiber der späteren römischen Kaiserzeit und der Völkerwanderung, heidnische und christliche, stimmen in der grauenhaften Schilderung der sittlichen Fäulniß und Verkommenheit im ganzen damaligen römischen Reiche überein.

Es war daher sehr natürlich, daß die Christen grade im Gegensatz gegen die bisher herrschende heiße Gier nach Reichthum und Sinnengenuß vorzugsweise die Armuth und die Keuschheit priesen und heiligten. Man darf annehmen, daß das Entsetzen vor den Sünden der Reichen und der Ekel der Uebersättigung selbst dazu beitrugen, viele Heiden der christlichen Kirche zuzuführen. Vor allem mußte das Christenthum den unglücklichen, noch nicht ganz verthierten Sclaven ein Trost seyn. Die Verachtung des Geldes war ein charakteristischer Zug bei den ersten Christen und blieb es bei der Klostergeistlichkeit, die einerseits das Gelübde ewiger Armuth ablegte, andererseits, was ihr geschenkt wurde, nur zu Werken der Barmherzigkeit an Armen und Kranken anwandte. Zugleich heiligte das Christenthum auch die Arbeit, die zur heidnischen Zeit nur als erzwungene Pflicht der Sclaven in Verachtung gefallen war. Die Mönche arbeiteten.

Dieser christlichen Tendenz kam der Germanismus zu Hülfe. Sobald die Deutschen das römische Reich eroberten, machten sie den Latifundien der reichen Römer ein Ende, theilten den Boden unter sich in Allode nach uralt deutscher Sitte, d. h. in Güter, die der Familie des ersten Besitzers Erb und Eigen blieben und groß genug waren, um Haus und Hof, Garten, Acker und Waide darauf zu haben und von deren Ertrag mit der Familie anständig leben zu können. Somit wurden die weiten Länder übersäet mit den Höfen freier, gesunder, sittenreiner deutscher Familien. Die römische Bevölkerung verschwand größtentheils in den verheerenden Kriegen durch Hunger und Seuche, der Rest kam in die Knechtschaft der Deutschen. Da nun aber diese Deutschen alle Christen wurden, so befestigten Christenthum und Germanismus gemeinschaftlich ein den Umständen angemessenes, natürliches, praktisches und dauerhaftes System der Volkswirthschaft, gegründet auf den Ackerbau und kleinen Güterbesitz. Das Handwerk war durch Weiber und Knechte, die Kunst durch Mönche vertreten; der Handel war noch wenig ausgedehnt und befaßten sich damit damals schon, wie auch mit dem Geldwechsel, Geldleihen und Wucher, vorzugsweise die Juden. Inzwischen waren die Juden tief verachtet, wurden, wenn sie es mit dem Wucher zu arg trieben, tüchtig gemaßregelt und blieben auf eine Thätigkeit im finstern Winkel angewiesen. Die altrömische Geldwirthschaft konnte nicht wieder aufkommen. Weder die Kirche, noch die germanische Gewohnheit duldeten es. Als die Industrie, namentlich nach dem Beispiel der fleißigen und kunstreichen Muhamedaner in Spanien und im heil. Lande, zur Zeit der Kreuzzüge auch in Deutschland mehr in Aufnahme kam, wurde sie noch nicht Beute der Speculation und Geldwirthschaft, sondern in echt germanischer Weise das Monopol freier bürgerlicher Genossenschaften in der Art daß das Meisterrecht in der Stadt so viel werth war, als das Allod auf dem Lande, weil es der freien und ehrbaren Familie eine sichere ökonomische Existenz, Waffenehre und politisches Ansehen gewährte. Ein Proletariat gab es damals nicht. Wer arbeiten konnte, kam als Knecht auf dem Lande oder Gesell in der Stadt wohl an. Für die Armen auf dem Lande sorgte der Gutsherr, in der Stadt die Innung, zu der sie gehörten, oder die Kirche.

Das alles hat aufgehört, die Kirche ist ihrer Macht und ihres Besitzthums beraubt, die Genossenschaften sind aufgelöst, die bäuerlichen Erb und Eigen werden immer mehr durch Güterschacher zertrümmert. Die Geldwirthschaft florirt wieder.

Diese schlimme Wendung der Dinge trat gleich unzähligen andern Uebeln am Ende des fünfzehnten Jahrhunderts mit der Renaissance ein. Dieselben Mediceer in Florenz, welche die klassischen Studien und den heidnischen Geschmack einführten, brachten auch die altrömische Geldwirthschaft zuerst wieder auf. Ein Mediceer war der erste Heide und zugleich der erste Mann der Börse. Kaum hatte der Zeitgeist wieder am Golde geleckt, so griff die Ansteckung um sich. Die Geldwirthschaft wanderte von Florenz nach Augsburg und hat seitdem Deutschland nie wieder verlassen.

War im christlichen Mittelalter die Landwirthschaft vielleicht zu einseitig begünstigt und der Mensch zu sehr an die Scholle gefesselt, so waren doch die ökonomischen Existenzen besser gesichert. In unserer Zeit ist auch der Landbesitz nicht mehr gesichert, er wird dem Besitzer mit Leichtigkeit unter den Füßen weggezogen. Alles und jedes Eigenthum ist jetzt beweglich, flüssig geworden, kann in Geld verwandelt werden. Alles ist käuflich, und eben deshalb kann

man durch Kauf und Verkauf, wenn man die Umstände und
die Einfalt der Menschen benutzt, in kurzer Zeit viel mehr
gewinnen, als ehedem sein Lebenlang mit Arbeit. Daher
kann sich der Reichthum auf einem Punkt in einer unge-
heuren Masse häufen, während er ringsumher gänzlich fehlt.
Seitdem alles Vermögen beweglich geworden ist, gleicht es
dem Sand in der Wüste, den schon ein schwacher Wind
hier wegweht und dort zu Haufen wirft. In London
sterben jährlich 300 Menschen aus Armuth den Hungertod,
in den Fabrik- und Bergwerksbezirken ist die Sterblichkeit
in Folge des Elends in einer früher unbekannten Weise
ausgedehnt und ein Trost, weil der Tod die Armen doch
vom äußersten Elend erlöst. Auf dem Lande wie in den
Städten wächst die Armuth und das Proletariat, und Hun-
derttausende, die früher eine bescheidene, doch gesicherte Existenz hatten, haben jetzt keine mehr und wissen nicht, wie
sie denn das nächste Jahr durchbringen, ja oft nicht einmal,
wo sie am nächsten Tage Brod hernehmen sollen. Mitten
in diesem Meer von Nahrungssorgen sitzen Rothschilde mit
Milliarden im Vermögen und können fragen, ob nicht Königreiche feil sind? Sie haben Geld genug, um ein solches,
wie ein Landgut, zu kaufen. Ein Jude, mit dem ich einmal
reiste, versuchte mit sichtlichem Behagen den Geldwerth der
ganzen Erde zu taxiren.

Die moderne Geldwirthschaft ist zuerst durch leichtsinnige
und verschwenderische Monarchen und Minister, nachher auch
durch die falsche Doctrin des Liberalismus gefördert und
gesetzlich sanktionirt worden. Die Gesetze gewähren denen,
welche sich rasch bereichern wollen, alle Mittel dazu, während
sie nicht zugleich die Unerfahrenheit und Einfalt und die
schüchtern concurrirende Armuth in den Stand setzen oder

auch nur belehren, wie sie sich vor Ueberlistung und Uebervortheilung zu schützen habe.

Die Gesetze erlaubten Lotterien und Spielhöllen. Die letztern waren nur selten der Armuth zugänglich und ruinirten in der Regel nur Reiche, die ihr Glück nicht zu schätzen wußten, oder Müßiggänger, die ohne Arbeit schnell reich werden wollten. Die Lotterien wirkten schon verderblicher, weil sie unzählige Arme verlockten, ihren schmalen Verdienst hinzuopfern für die Wenigen, die wirklich etwas gewinnen konnten. Am allerverderblichsten aber haben in neuerer Zeit die gesetzlich geduldeten Actienzeichnungen gewirkt, welche großen Gewinn versprachen, aber nur Verluste brachten und nur die Unternehmer bereicherten, die sich häufig mit ihrem Gewinn aus dem Staube machten. Auch viele Staatsanleihen haben den Charakter dieses Schwindels und öffentlichen Betrugs an sich getragen, indem die Menschen verlockt wurden, die Ersparnisse ihres Fleißes für Staatspapiere dahinzugeben, die doch werthlos werden mußten.

Also hat es die vermeintliche Weisheit der neueren Zeit dahin gebracht, daß die Menschen anstatt ehrlicher Arbeit in einer gesetzlich gesicherten, wenn auch bescheidenen Existenz und Vertrauen zu Gott, das Rennen und Jagen nach einem unverdienten Glück vorziehen, alles stehen und liegen lassen und den natürlichsten Pflichten gegen die Familie entsagen, um jener heidnischen Göttin Fortuna nachzulaufen, von der schon die Heiden selber wußten, daß sie nur täusche und betrüge, denn von Tausenden wird kaum Einer wirklich vom Glück beschenkt. Diese Gier nach raschem Gewinn ohne Arbeit demoralisirt die Gesellschaft mehr als alles andere. Der Cultus des goldnen Kalbes unterdrückt den Fleiß, die Genügsamkeit, das Wohlwollen gegen Andere, das Pflichtgefühl. Die vom Christenthum gebotene Liebe des Nächsten wird in ihr Gegentheil verkehrt.

Gewissenlos vor allem ist die Concurrenz derer, welche Lebensmittel bereiten und verkaufen, dieselben aber aus Gewinnsucht verfälschen und sehr häufig Stoffe hinzuthun, welche der Gesundheit schädlich sind. Das kommt jetzt alltäglich vor. So wird Butter mit Kreide oder Gyps, mit Kartoffeln oder Mehl, auch mit allerlei gelben Farbstoffen und mit Salzen vermengt. Der Essig ist häufig durch Schwefelsäure, Salzsäure, scharfe Pflanzenstoffe, selbst mit Metallen angesetzt. Den Honig vermischen viele Händler mit Mehl, Wasser, Leim, Stärkesyrup. Käseverfälschungen bestehen in Zusätzen von Kartoffeln oder von erdigen Bestandtheilen; junger Käse wird, um ihm das Ansehen von altem zu verschaffen, öfter mit Grünspan bedeckt. Selbst das Mehl entgeht nicht der betrüglichen Vermischung mit Kleie, gemahlenen Kartoffeln, Kartoffelstärke, Gersten=, Erbsen= und Bohnenmehl, Stärkemehl, Leinsamen, Welschkorn, schlechtem Reis, ja sogar mit Gyps, Sand, Kreide, Bittererde, Knochenmehl. Ebenso das Brod, in welchem sich auch manchmal Mutterkorn (erkennbar an der violett=fleckigen Beschaffenheit des Brodes) und Sommerlolchsamen (welcher sich durch schwarz=blaue Färbung anzeigt) mit vergiftender Wirkung findet. — Dem Kochsalz werden zu betrügerischer Gewichtsvermehrung erdige Bestandtheile, auch Kupfer= und Bleitheile beigegeben. Die Milch wird, außer der üblichen Verdünnung mit Wasser, vermischt mit Mehl, Stärke, Reis, Kleie und Gummiwasser. — Der Thee findet sich gefärbt durch Indigo oder Kupfer, auch vermischt mit Weißdorn= und Schlehenblättern. — Unter den zahlreichen Verfälschungen des Weines sind hervorzuheben die Vermischungen mit Alaun, Blei, Arsenik, Schwefel und verschiedenen Farbstoffen. Ebenso wird bekanntlich der Kaffee verfälscht. Das Register ließe sich noch lang fortsetzen. Die Fortschritte der Chemie haben nicht wenig dazu beigetragen, die Betrügereien dieser Art zu vermehren und die Giftstoffe, welche Speisen und Getränken beigemischt werden, zu verschärfen.

Unbarmherzig stößt einer den Andern weg, um sich selbst vorzudrängen. Gleichgültig, wo nicht schadenfroh, sieht er seine Mitbürger verarmen, wenn er nur selber sich bereichern kann. Heimtückisch stellt er Fallen, worin sich Unschuld und Einfalt fangen, die er dann beraubt. Mancher wäre nie ein Schurke geworden, wenn ihm die Jagd nach dem Glück, die allgemein Mode geworden ist, wenn ihn das böse Beispiel nicht verlockt hätte.

Die legislatorische Weisheit des liberalen Despotismus und despotischen Liberalismus kümmert sich im geringsten nicht um diese Demoralisirung der Gesellschaft. Sie hält sich für berechtigt und spricht Ruhm und Dank an, obgleich die Thatsachen sie ins Gesicht schlagen. Ein wenig Vernunft und Erfahrung müßte diesen Gesetzgebern sagen, zum Wohl der Nation komme es nicht sowohl auf die Größe des Nationalvermögens, als auf eine möglichst gleichmäßige Vertheilung desselben an, wie bei jeder Aussaat und bei jeder Wiesenbewässerung. Aber es scheint sie gar nicht anzufechten, wenn sie auch sehen, daß auf dieser Seite viel zu viel Reichthum eigentlich unnütz zusammengehäuft ist, während dort im weiten Umkreis bittere Noth herrscht und es am Unentbehrlichsten fehlt.

Wiederum stoßen wir hier auf den durch das ganze Zeitbewußtseyn hindurchgehenden Widerspruch. Gleichheit aller und Freiheit aller, lautet das Programm, und doch war die Ungleichheit des Besitzes außer in den letzten Zeiten des altrömischen Kaiserthums niemals größer als jetzt. Und wie sollen sich die armen Fabrikarbeiter der Freiheit rühmen können, sie, die als Sclaven des Capitals übler daran sind, als es jemals Sclaven waren; denn ehemals übten die Herrn gegenüber ihren Sclaven nicht blos ein Recht, sondern auch eine Pflicht aus, während jetzt die Capitalisten nur ihr gesetzliches Recht festhalten und keinerlei Pflicht anerkennen.

Die Gesellschaft war niemals ganz frei von Uebel, aber weder Priesterstaaten, Theokratien, noch Monarchien und Aristokratien waren so durchaus schlecht und unwürdig, für die menschliche Gesellschaft zugleich so verderblich und infamirend, als die Plutokratie der neueren Zeit. Sie ist die Regierung nicht der Besten, sondern der Schlechtesten im Volk, die eigentliche Kakokratie.

## 23.
## Vom Staatsschuldenwesen.

Alles in der neueren Zeit des Abfalls von der christlichen Wahrheit steht in einem inneren Zusammenhange, den die Menschen nur in ihrer Verblendung nicht begreifen. Auch das moderne Staatsschuldenwesen, eine durchaus neue Erscheinung, wurzelt lediglich in dem System, welches sich von Pflichten losgesagt hat und nur noch Rechte in Anspruch nimmt. Als der Staat christianisirt wurde und in inniger Gemeinschaft mit der Kirche im Namen Gottes und nach Gottes Geboten die Völker regieren und behüten wollte, stand ihm die Pflicht oben an. Seine vollkommenste Ausbildung erhielt der christliche Staat in der Theokratie des

Mittelalters, im harmonischen Dualismus von Christenthum und Germanismus, Kirche und Reich in deren organischer Gliederung, worin alles auf Erhaltung, Forterben des sicheren Besitzes und harmonisches Zusammenwirken der willigen Organe berechnet war, in welcher freiwilligen Neben- und Unterordnung jedem Gliede des Ganzen wieder Freiheit und Recht, Wohlstand und Ehre in reichem Maaße gesichert waren.

Seitdem diese organische Gliederung der Kirche und des Reichs aufgelöst ist, haben sich weltliche Staaten mit absoluter Souveränetät ausgebildet und diese Souveränetät ist für sie die einzige Rechtsquelle. Pflichten existiren für sie nur, soweit sie ihnen die eigene Klugheit auflegt, oder ihnen eine Verfassung und die Controle durch ein Parlament aufgedrungen ist. Eine Pflicht des Conservatismus ist dem jeweiligen Inhaber der Souveränetät nicht vorgeschrieben. Wenn es ihm also Nutzen bringt und er nur sicher ist, daß ihn die Strafe nicht noch bei Lebzeiten ereilt, so kann er die Zukunft des Staats unbedenklich auf das Spiel setzen. Ja die lebende Generation der Staatsbürger oder Unterthanen wird in den meisten Fällen diesen Leichtsinn mit ihm theilen, ihm sogar danken, daß er mit einer Last, die er der Zukunft aufladet, sie selbst verschont.

So ist das Schuldenmachen der Staaten entstanden. Man befriedigt ein Bedürfniß, oder auch nur ein Gelüsten der Gegenwart, indem man Geld aufnimmt, das erst die Nachkommen wiederzubezahlen haben, und man verlangt von der lebenden Generation nur, daß sie die Zinsen bezahle. Die lebende Generation ist damit zufrieden, weil sie sonst am Ende das ganze Capital, das der Staat brauchte, ihm hätte steuern müssen. Man befriedigt ein Interesse der

Gegenwart, ohne alle Rücksicht auf die Zukunft. Man sündigt gegen diese Zukunft, gegen die nachkommenden Generationen. Man gleicht lüderlichen Eltern, die ihre Pflicht gegen die Kinder versäumen und den noch Ungeborenen die Erfüllung von Pflichten zuwälzen, welche sie sich selbst vom Halse schütteln.

Das alles liegt im modernen Zeitgeist und ist nur eine von den vielen Consequenzen, die ihm die Weltgeschichte zieht, einer von den vielen Irrwegen, auf die er nothwendig gerathen muß, nachdem er den rechten Weg verlassen hat.

Wie die Renaissance ihre Schule trotzig neben die Kirche gebaut hat, so entstand auch die Börse neben dem Palast der regierenden Häupter. Als man vom Christenthum abfiel oder es nur noch zum Schein beibehielt, mußten folgerecht Heidenthum und Judenthum wieder zur Herrschaft gelangen; jenes geschah in der Schule, dieses in der Börse. Es ist nicht zufällig, daß die Börse in den Händen der Juden ist.

Im Orient nahm zuweilen ein Sultan oder Schah den Juden, wenn sie sich durch Betrügerei, Wucher und schlaue Ueberlistung der Gläubigen bereichert hatten, den Raub wieder ab und ließ sie stranguliren. Die armen Unterthanen bekamen zwar nichts zurück, denn er allein behielt den Raub; aber es war doch natürlicher und begreiflicher, daß der Sultan sich den Beutel voll pumpte, den des Juden leer ließ und ihm auch nichts schuldig blieb, als wenn nur der Judenbeutel voll, der des Sultan leer und der Sultan noch dazu den ganzen Werth dem Juden schuldig geblieben wäre.

Das Phänomen der ungeheuern und immer noch sich mehrenden Staatsschulden, wie es vor unsern Augen vorgeht, ist unerhört in der Weltgeschichte und ein Zeugniß der verkehrten Denk- und Handlungsweise der heutigen gottentfremdeten Menschheit.

Der Staat borgt das Geld, erhält aber weniger als die Summe, für die er sich verschreibt. Er läßt sich eine hohe Provision abziehen und bewilligt hohe Zinsen. Er gibt dem Gläubiger sichere Mittel, das geliehene Geld aus den Taschen der Unterthanen durch wechselnde Hausse und Baisse wieder an sich zu ziehen, und verpfändet ihm Regalien, Domänen und geraubtes Kirchengut. Das alles sind Vortheile, die es erklären, daß sich ein ganzer Stand von Staatsgläubigern gebildet hat, welche die Staatsanleihen gewerbsmäßig treiben und auf nichts anderes sinnen, als die Staatsverwaltung immer mehr in Unordnung, Leichtsinn und Lüderlichkeit zu stürzen, damit sie sich ihnen immer mehr verschreibe. Der Staat kommt dadurch in die nämliche Lage, wie ein lüderlicher Student oder Lieutenant, der sich dem Juden nach und nach um eine zehnmal so hohe Summe verschreibt als er von ihm bekommt, die dann der Papa zahlt, wenn er die Ehre des Sohnes retten will. Wenn auch der Staat zuletzt Bankerott macht, so thut das dem Gläubiger nicht mehr weh, denn er hat, was er dem Staat gegeben, im Handel von Staatspapieren an der Börse längst wieder erhalten, oder besitzt noch die Pfänder, Eisenbahnen, Bergwerke ꝛc. Auch der Staat kann ohne große Beschwerde Bankerott machen, denn er wälzt ja nur eine Last ab, an welcher der gegenwärtige Regent keine Schuld trägt, weil schon die frühern Regierungen den Staat damit beladen haben, und er hat am Ende ein Recht, eine solche Ueberbürdung von Pflichten von sich zu werfen. Wenn der Großvater den unschuldigen Enkel damit belud, ohne ihn zu fragen, weil er noch gar nicht geboren war, wie sollte der Enkel, wenn er endlich geboren ist und die Last ihn erdrücken will, aus Respect vor dem unnatürlichen Großvater sie noch forttragen wollen?

Wenn es noch natürlich in einem Staate zugeht, so kommt der Erwerb durch die unermeßliche Volksarbeit theils dem Staate, theils dem Volke selbst zu Gute, keinem Dritten. Dank der Unnatur der modernen Denkweise und der gänzlichen Pflichtvergessenheit gegen das Volk, welches allein alles zu leisten hat, durfte sich eine Menschenclasse zwischen Volk und Staatsregierung eindrängen, um mittelbar durch die Staatsregierung das Volk auszusaugen. Dem Volke wurde damit eine doppelte Leistung zugemuthet, ohne daß sie dem Staate irgend zu Gute käme. Die zwischen Staat und Volk eingeschobenen Börsenmänner oder Staatsgläubiger entziehen dem Staat und Volk zugleich die Lebenssäfte. Sie gleichen in jeder Beziehung einem Parasiten, einem Schwamm, der den saftvollen Baum aussaugt. Einen orientalischen Despoten trifft nicht soviel Vorwurf, wenn er auch sein Volk unvernünftig besteuert und beraubt; der Raub bleibt doch im Lande, der Nachfolger gibt ihn wieder aus. Viel unnatürlicher und verderblicher ist die systematische Ausplünderung des Volks durch Staatsgläubiger, die außerhalb des Landes wohnen oder, wenn sie irgend bedroht werden, mit ihrem Raube anderswohin gehen.

Es läßt sich kein unvernünftigeres und kolossaleres Exploitiren der Völker denken, als diese Judenwirthschaft in Europa, die sich allmälig fast durch alle Staatshaushaltungen verzweigt hat. Es ist nicht einmal ein unvermeidliches Uebel, sondern völlig unnöthig. Die Staatsschulden entstehen nur zum Theil aus Noth, aus wirklichem Bedürfniß des Staates, und in einem geordneten und ehrlichen Staatshaushalt läßt sich die Mehrausgabe immer wieder ausgleichen. Das Schuldenmachen wurzelt in der Fahrlässigkeit, Pflichtvergessenheit oder wenigstens Unwissenheit des Staatsoberhaupts, welchem Räthe oder eine Camarilla zur Seite stehen, die sich auf Kosten des Staats bereichern wollen und denen sich auch in constitutionellen Staaten Parlamentsglieder als Mitschuldige beigesellen. So werden nun auch in Friedenszeiten leichtsinnig und ohne alle Noth Staatsanleihen gemacht, wobei Minister und Parlamente mit den Staatsgläubigern, von denen sie im Voraus bestochen sind, im Complott handeln und die Beute theilen. Früher thaten das schon einzelne allmächtige Minister oder Günstlinge; jetzt wollen viele daran Theil nehmen und ist die große Betrügerei in ein System gebracht. Consorteria ist der italienische Name dieser hochgestellten, betitelten und besternten oder in den Parlamenten durch ihren Einfluß glänzenden Bande von Staatsbetrügern, die den Staatsgläubigern immer und immer neue Anleihen zuschieben. Nur so begreift man, wie ein Staat binnen wenigen Jahren ein paar Milliarden Staatsschulden bekommen kann. In den Vereinigten Staaten von Nordamerika geschieht übrigens ganz das Nämliche. Die Habgier frägt nicht, ob sie in der Monarchie oder Republik stiehlt, wenn sie nur etwas zu stehlen findet.

Wo das Staatsschuldenmachen in Flor ist, gewinnen nur die Staatsgläubiger und die Consorteria. Der Staat geht unvermeidlich dem Bankerott entgegen. Den ganzen Schaden aber hat das Volk zu tragen. Das Volk hat mit dem Ertrag seiner unermeßlichen Arbeit einzig den Beutel der Staatsgläubiger und der Consorteria zu füllen. Mit der

Hälfte von dem, was das Volk direkt und indirekt steuert, könnte der wirkliche Bedarf des Staatshaushalts bestritten werden; das Volk muß aber doppelt steuern, um die Zinsen der Staatsschuld abzutragen. Auch das Vermögen, was den Unterthanen noch übrig geblieben, besteht größtentheils in Staatspapieren. Das sind die Schuldscheine für das vom Staat geliehene Geld, und sowohl der Staat als die Staatsgläubiger sorgen dafür, daß diese Papiere in die Hände der Unterthanen oder Staatsbürger kommen. Der Staatsgläubiger, weil er sie dann los ist und er, sollte der Staat Bankerott machen müssen, oder auch schon bei der tiefsten Entwerthung der Papiere, nichts verliert. Der Staat, weil er es gern sieht, wenn seine Unterthanen durch den Besitz jener Papiere zugleich seine Gläubiger werden, denn es liegt dann in ihrem eigenen Interesse, den Staatsbankerott zu verschieben, mit äußerster Anstrengung und großen Opfern den Staatscredit aufrecht zu erhalten und mithin auch der jeweiligen Staatsgewalt gefügig zu seyn.

## 24.
## Von dem Herabkommen der Kirche im Abendlande.

Der größte Beweis dafür, daß auch die unmittelbare Erscheinung des Messias auf Erden die Freiheit des Menschen nicht im Geringsten hat einschränken wollen, ist offen dargelegt in der Thatsache, daß des Menschen freier Wille sich auch vom Erlöser abgewandt und sein heiliges Werk selbst wieder nur zu entheiligen gesucht hat. Wäre die Kirche von Anfang an eine Zwangsanstalt gewesen, wofür sie heute noch bei vielen Leuten gilt, so würde der Stifter der Kirche ihr auch die Mittel gewährt haben, den Zwang durchzuführen. Der Messias aber verlangte von den absolut freien Menschenkindern nur eine freiwillige Anerkennung seiner heiligen Mission und eine freiwillige Unterwerfung unter Gottes Gebote.

In seinem freien Willen hatte nun der Mensch eine Festung, in der er sich gegen alle Mahnungen Gottes des Vaters, Sohnes und h. Geistes vertheidigen konnte, und das böse Princip frohlockte von diesen sichern Zinnen aus. Den Feinden Gottes mußte alles daran gelegen seyn, dem freien Willen des Menschen eine von der Kirche abgewandte Richtung zu geben und die Kirche selbst mit Elementen zu erfüllen, die ihrem Princip entgegengesetzt und geeignet waren, sie zu schänden und ihre Macht zu schwächen. Keinen größern Triumph konnten die Feinde Gottes erleben, als wenn sie den historischen Beweis führten, die Kirche sey gar nicht heilig, es werde in ihr gefrevelt, wie außer ihr, und die Heuchelei der Heiligkeit mache den Frevel nur noch ärger.

So kam Entartung in die christliche Kirche. Die Feinde Gottes aber, die am eifrigsten mitwirkten, waren einerseits die weltlichen Machthaber, welche am liebsten allein Götter auf Erden seyn und sich im Namen Gottes nirgends auch nur einen moralischen Zwang anthun lassen wollten, oder in deren Interesse es lag, wenn sie das äußere Ansehen der Kirche auch nicht untergruben, doch dieses Ansehen nur ihrem eigenen Nutzen dienstbar zu machen, d. h. die höchsten geistlichen Würdenträger, Päpste, Patriarchen, Bischöfe zu bestechen und gegen reichen Lohn Heuchler aus ihnen zu machen. Da nun die Kirche durch den Glaubenseifer der Christen wie an Macht so an Gütern immer reicher wurde und man auch die Andachten absichtlich übertrieb und den Gottesdienst immer luxuriöser einrichtete, der Priesterstand die höchste Ehre genoß und bei seinem Reichthum ganz sorgenfrei lebte, so drängten sich auch immer mehr Laien, die ohne innern Beruf zum geistlichen Stande nur eine bequeme Versorgung suchten, in die Welt- und Klostergeistlichkeit ein, Müßiggänger, faule Bäuche, nicht selten Satyrn. Nun hielt es nicht schwer, zwischen solchen Karikaturen des Heiligen und der wahren Kirche, wie sie seyn sollte, zu unterscheiden, an den bescheidenen Einzug des Heilandes auf einer Eselin zu erinnern, wenn der Papst zu Rom mit stolzen Rossen und ungeheuerm Pompe durch die Straßen zog, und in der Kirche, wie sie geworden war, ein der Menschheit unwürdiges Institut zu sehen.

Im Leben und in den Worten des Messias, wie auch in den Aufzeichnungen der h. Schrift, kommt nichts vor, was die Vernunft nicht billigen müßte. In der griechischen, wie in der römischen Kirche genirte man sich dagegen gar nicht, unvernünftig zu denken, zu lehren, zu handeln. Man mußte es thun, weil man sonst freiwillig den ungemessenen Vortheilen hätte entsagen müssen, welche die Machthaber und Privilegirten der Kirche grade nur durch ihre offizielle Unvernunft erlangten, indem sie die Einfalt und fromme Hingabe der Gemeinde mißbrauchten. Man denke nur an den Luxus der religiösen Feste und Andachten, der Reliquien, wunderthätigen Bilder, Ablässe ⁊c.

An die Stelle der Vernunft trat nun hier innerhalb der Kirche selbst der nur kalt berechnende Verstand, der die Gemeinde nur zu dem Behufe hütete und waidete, um sie zu scheeren. Es galt nicht mehr die evangelische Wahrheit und christliche Tugendübung, sondern nur die äußere Macht und den Reichthum der Kirchenfürsten künstlich zu erhalten und zu mehren. Dem Jesuitenorden wurde dabei die Aufgabe zugetheilt, das Interesse der Kirche mit dem des weltlichen Despotismus möglichst zu verbinden. Weil aber der weltliche Despotismus mehr reelle Macht besaß, als die entartete Kirche, wurde es Hauptziel des Jesuitismus, die moralischen Mittel der Kirche dem weltlichen Despotismus zur Verfügung zu stellen und dadurch dessen Wohlwollen zu erkaufen. Diese Stellung der alten Kirche zum Staate nahm ihren Anfang in Spanien unter König Philipp II. und fand ihren Ausdruck in einem eben so charakteristischen Bauwerk, wie in der Peterskuppel zu Rom. Diese Kuppel hatte die Renaissance bedeutet, der sich das Kreuz unterwerfen mußte. Der Palast des Escorial in Spanien, der im Innern eine Kirche einschloß, bedeutete die Gefangenschaft der Kirche in den Banden des weltlichen Königthums. Dies blieb auch die Lage der alten Kirche nach der Reformation in allen großen katholischen Reichen, unter den Bourbons wie unter den Habsburgern.

Indem die Kirche vom Staat abhängt, die Magd des Staates, eine Kriminal- und Polizeianstalt im Dienst des Staates wurde, hatte sich ihre natürliche Stellung gänzlich verkehrt und leistete sie das Gegentheil von dem, was der Stifter der Kirche ihr zur Pflicht gemacht hatte, denn er sprach: mein Reich ist nicht von dieser Welt! und von nichts war er so weit entfernt, als davon, göttliche Mittel menschlichem Unfug bereit halten zu wollen. Der Statthalter Christi auf Erden durfte niemals Despoten wie Philipp II. oder Ludwig XIV. die Schleppe tragen.

Die deutsche Reformation war durch die Verweltlichung der Kirche im vollsten Maaße berechtigt, nur hätte die junge Partei sich nicht einbilden sollen, die Wahrheit könne den bösen Willen der Menschen überwinden. Nicht die von reiner Begeisterung erfüllten Reformatoren sollten die Kirche frei machen dürfen von der Umstrickung der weltlichen Gewalt. Nur die Fürstenpolitik sollte auch hier wieder entscheiden und schmiedete den neuen Kirchen neue Ketten. Scheidungsgrund der Confessionen wurde die Staatsgrenze. Es kam nicht darauf an, welcher Glaube der bessere, evangelischere, vernünftigere war, sondern nur, was der Fürst glaubte, mußten auch seine Unterthanen glauben. So entstanden überall neue Staatskirchen mit eigenen Consistorien die immer vom weltlichen Hofe beeinflußt waren. Wenn aber die Fürsten mit ihrem Glauben wechselten, wie das fünfmal hintereinander in der Pfalz geschah, mußten auch die Unterthanen wechseln oder wurden aus dem Lande gejagt. Heute Katholiken, morgen Lutheraner, übermorgen Calvinisten und zur Abwechselung noch einmal die Reihe herum.

Diese unnatürliche Lage der neuen Kirche führte zu einer innerlichen Zersetzung derselben. Da nun einmal doch der Staat alles bemeisterte, verlor auch die Kirche als solche ihr Ansehen und kam mit weltlicher Gesinnung auch immer mehr religiöse Gleichgültigkeit, Vernachlässigung der göttlichen Gebote und die sog. Toleranz auf, die nach dem Glauben gar nicht mehr frug. Das war die Zeit der Freimaurerei und des Josephinismus, denen begreiflicherweise ein Versuch, das Christenthum ganz abzuschütteln, auf dem Fuße folgen mußte.

Diesen Versuch machte die französische Revolution. Wenn es auch nun wahr ist, daß die damals förmliche Abschaffung des Christenthums nur ein vorübergehender Wahnsinn war, so wolle man ihre Bedeutung doch ja nicht unterschätzen. Denn dieselben Ursachen haben dieselbe Wirkung und die Ursachen bestehen immer noch fort. Von dem Augenblick an, in welchem die Renaissance der Menschheit andere Zwecke und Ziele unterschob, als die der christlichen Mission, mußte ihre große Partei auch die Vernichtung des Christenthums in Aussicht stellen und in Angriff nehmen. Das war die berühmte Parole Voltaires: écrasez l'infame!

In völliger Uebereinstimmung mit dem, was wir bisher als das der älteren christlichen Weltanschauung entgegengesetzte moderne heidnische Programm erkannt haben, decretirte der französische Convent die Abschaffung Gottes, nämlich des Gottes, den bisher die Christen und Juden angebetet hatten, und empfahl dagegen im Sinne des älteren Heidenthums wieder die Vergötterung der Natur, daneben auch die des Genius, des Vaterlands, der republikanischen Tugenden ꝛc., was man neben dem Cultus der Natur in Bausch und Bogen den Cultus der Vernunft nannte. Obgleich es nicht speciell vom Convent ausgesprochen wurde, war es doch eigentlich ein Cultus der Menschheit oder des Volkes. Cloots schlug vor, nur noch le Peuple-Dieu anzubeten, d. h. das französische, zunächst Pariser Volk. Man vermied jedoch dieses Extrem von Abgeschmacktheit und blieb beim Cultus der Natur, des Genius und der sog. Vernunft stehen. Man feierte Feste der göttlichen Menschheit, doch nur nach deren Offenbarung in Natur und Civilisation, in Körper und Geist. In der ersteren Beziehung wurde die göttliche Menschheit auf der Stufe des Kindesalters in einem besonderen Jahresfeste verehrt, in einer anderen auf der Stufe des Doppelbaseyns als Mutter mit dem noch ungebornen Kinde, und man sah eine ungeheure Prozession hier kleiner Kinder, dort schwangerer Frauen in Paris feierlich durch die Volksmassen ziehen. Wieder ein anderes Fest feierte das Greisenalter, und alte Männer und Weiber bildeten die Prozession.

Aehnliche Feste waren dem Geiste, den patriotischen und politischen Tugenden, der Wissenschaft und Kunst gewidmet. Auch die direkt feindliche Contrastirung mit dem Christenthum wurde damals nicht vermißt, denn geflissentlich hatten die Jakobiner die Heiligennamen im Kalender so verändert, daß je auf die heiligsten Tage der Christenheit die verächtlichsten Thiernamen fielen und z. B. der Tag der Geburt des Heilands mit dem Namen chien bezeichnet war. Die Kirche der heil. Genoveva, der Schutzheiligen von Paris, war damals in ein heidnisches Pantheon umgetauft und umgewandelt worden und man betete darin die Bilder des schmutzigen und bluttriefenden Marat, des Gott und alle Welt verspottenden Voltaire, des ersten antichristlichen Philosophen Descartes und anderer Koryphäen der Verneinung und Revolution an, denn nur solche wurden noch anerkannt.

Indessen kam dieser wüthende Ausbruch antichristlichen Wahnsinns dem Christenthum zu gute. Es war damals noch nicht möglich, alle Christen auszurotten. In Frankreich selbst gab es trotz der unchristlichen Regierung und höheren Gesellschaft, trotz der schon verjährten Corruption der höheren Stände, des großstädtischen Pöbels und der alles überfluthenden gottlosen Literatur noch gute Christen unter dem Landvolk, zumal in der Vendée, die ihren Glauben mit dem Märtyrertode besiegelten. In den Nachbarländern aber schauderte man vor dem Blutdurst und der Raubgier der französischen Jakobiner zurück. Somit konnte, als der ärgste Fieberparoxismus vorüber war, Bonaparte als erster Consul die christliche Kirche in Frankreich wiederherstellen.

Vom deutschen Volke ist zu rühmen, daß es in seinen niederen Schichten, zumal das Landvolk, im katholischen wie protestantischen Gebiete sich weder von der Corruption, noch von dem Unglauben der höheren Stände anstecken ließ, mit bewundernswürdiger Geduld die lange Mißregierung ertrug und fromm blieb. Diese Erscheinung erklärt sich aus den Greueln der Religionskriege. Wenn man die frommen Lieder protestantischer Prediger aus dem dreißigjährigen Kriege liest, denen durchgängig das Thema „aus tiefster Noth schrei ich zu dir" zu Grunde liegt, so wird man an die Psalmen und an den Propheten Jeremias erinnert, an das Gottvertrauen bis in den Tod geängstigter Völker. Die Noth lehrt beten. Keine Andacht war aufrichtiger als die in jenen Schreckens=zeiten. Auch blieben der frommen Heerde immer gute Hirten, weil sie die Noth des Volkes theilten. Was auch die Hof=pfaffen in ihrem Uebermuth sündigten, wie auch unter den Theologen auf den Universitäten die crasseste Superstition des Hexenwahns in den eben so unvernünftigen Leichtsinn der Freigeisterei und des Rationalismus übersprang, auf dem Lande und in den kleinen Städten gab es immer noch fromme Geistliche, welche die Armuth, die Geduld und den guten Glauben des Volkes theilten und durch ihr Beispiel aufrecht erhielten. Daraus erklärt sich, warum auf katho=lischem Gebiet das Volk, namentlich in Westphalen und Tirol, aller Frivolität und Unzucht der geistlichen Höfe fern=blieb und den alten Glauben treu bewahrte, wie anderer=seits auf protestantischem Gebiete das arme Landvolk mit seinen armen Pfarrern eben so wenig von der Corruption der Höfe und von der Freigeisterei der Universitäten an=gesteckt wurde.

Der Corruption und Freigeisterei traten auf protestanti=schem Gebiete, wie in England, so in Deutschland fromme Secten entgegen, welche sich nach und nach Duldung und die Rechte eines bürgerlichen Gemeinwesens erkämpften, Me=

thodisten, Quäker, Mennoniten, Herrnhuter. Das Beispiel der Herrnhuter bewies, daß in der deutschen Volksnatur doch ein Grundzug des Guten liegt, der das Uebermaaß des Bösen nicht mehr erträgt. Als der sächsische Kurfürst Friedrich August, der so viele uneheliche Kinder hatte, als das Jahr Tage zählt, das ihm stets getreue Sachsen durch seine Verschwendungen auf's unerhörteste aussaugte und endlich katholisch wurde, um zum König von Polen gewählt werden zu können, und seine Mißregierung den höchsten Grad erreicht hatte, bildeten in demselben Sachsen die Herrnhuter unter schweren Verfolgungen eine christliche Republik der demüthigen Nachfolge Christi und der Bruderliebe.

Die Secten fanden volle Freiheit in den nordamerikanischen Colonien, verloren aber hier zum Theil im Genuß schrankenloser Freiheit die ursprüngliche Demuth.

In Deutschland kamen die Secten in viel geringerem Maaße auf und behaupteten sich die Staatskirchen. Der alte fromme Geist im Landvolk wirkte hier immer noch mächtig nach, so daß es allem Uebermuths der zuweilen von den Höfen allzusehr begünstigten Rationalisten und Verkuppler der Theologie an die Philosophie ungeachtet, doch nie gelang, die Gläubigen ganz in Schatten zu stellen. In den zwanziger bis vierziger Jahren des laufenden Jahrhunderts herrschten zwar auf allen Universitäten die Rationalisten dermaßen vor, daß sie ohne Scheu in ihren theologischen Vorlesungen durch Religionsspötterei sich bei den Studenten beliebt zu machen hofften. Man lese darüber die Denkwürdigkeiten von Eilers nach, die überhaupt über jene unglückselige Periode der obligaten Christusverachtung unter dem preußischen Cultusminister, Herrn von Altenstein, den reichsten Aufschluß gewähren. Die Sache wurde noch schlimmer, als man in Berlin von Staatswegen die Hegel'sche Philosophie protegirte, um der damaligen, noch von den Kriegen her begeisterten studirenden Jugend ihr christlich deutsches Programm abzuschwindeln und sie mit der Selbstvergötterung über den Verlust des Christengottes und über die Schmach des Vaterlandes zu trösten. Das war die Zeit, in welcher die theologischen Fakultäten auf fast allen evangelischen Universitäten förmlich wetteiferten, auch die unbedeutendsten Geister, selbst wenn sie nicht einmal Theologen waren, sondern nur sonstwie ihren Haß gegen das Christenthum bezeugt hatten, zu Doctoren der Theologie zu ernennen. Diese Ehre widerfuhr der seichtesten Mittelmäßigkeit, wie der bubenhaftesten Gotteslästerung. Als Hengstenberg im Jahr 1830 in Berlin zum erstenmal dem herrschenden System der Entchristlichung entgegen trat, umheulte ihn die offizielle Wuth der begünstigten Heiden und Juden und der Cultusminister Altenstein besoldete den Oberconsistorialrath Bretschneider in Gotha, um gegen Hengstenberg zu schreiben. Wie es in jener Zeit den frommen Lutheranern in Schlesien erging, ist bekannt, Alles wurde verfolgt, was noch christlichen Glauben hatte.

Trotz alledem ging dieser Glaube nicht unter. Die evangelischen Gläubigen erhielten unerwartet eine Unterstützung durch die katholischen. Der ungerechte Angriff des Staats auf die Rechte der katholischen Kirche in den Kölner Wirren 1837 mißlang. Der Thron- und Ministerwechsel in Preußen kam der einen wie der andern Kirche zu gute. Das Recht der Lutheraner wurde geachtet, wie das der Katholiken. Die christusfeindliche Partei schäumte zwar vor Wuth und provocirte kleine Revolutionen im Kirchengebiet, des Deutsch-Katholicismus, der Lichtfreunde ꝛc., allein diese Aufregungen legten sich bald wieder. Das große Publikum vertiefte sich in der Revolution von 1848 mehr in politische, als kirchliche Fragen. Die gläubige Partei erstarkte sichtlich, auf protestantischem Gebiet in Deutschland und England, auf katholischem in Frankreich. Der Norden zeichnete sich hierin aus, während im Süden, in Spanien, Italien und Oesterreich der Liberalismus die alten kirchlichen Sympathien immer mehr abschwächte und bereits das Ende der Statthalterschaft Christi in Rom nur noch für eine Frage der Zeit erklärte.

Gegenüber diesen schwankenden Erscheinungen im Westen hat unterdeß die russische Kirche im Osten in aller Stille an kolossalem Umfang immer zugenommen. Dort wird nicht gepredigt, dort wird nicht theologisch gestritten, dort wird nur befohlen und gehorcht. Fast unbemerkt werden Millionen Andersgläubiger als russische Unterthanen auch in die russische Kirche hinein commandirt und wehe ihnen, wenn sie nicht sogleich gehorchen oder auch nur Lärm machen wollten! Diese Erscheinung bildet den stärksten Gegensatz zu dem ewigen Streiten und Reformiren im europäischen Abendlande, wie zu dem immer zunehmenden Sectenwesen in Nordamerika. Der nur allzu lebhaften Unruhe und ewigen Meinungsverschiedenheit steht hier eine auffallend todte Ruhe gegenüber. Man ist im Abendlande geneigt, das Popenthum wegen seiner Geistlosigkeit zu verachten. Man sollte sich aber auf die Brust schlagen und sich fragen, ob es auch lauter reine und vor Gott demüthige Geister sind, die sich innerhalb der abendländischen Kirchen so übermüthig laut hören lassen und ingrimmig herumschlagen, und ob der in Rußland noch heimische Gehorsam nicht eine wünschenswerthe Sache seyn würde, wenn es dem Pöbel im

Abendlande wieder einmal einfallen sollte, die Abschaffung Gottes und das Niederreißen der christlichen Kirchen zu decretiren.

## 25.

### Vom Stocken der christlichen Mission.

Das ganze Christenthum ist eine Mission, eine Sendung des ewigen Gottes vom Himmel, um es über die ganze Menschheit auszubreiten. Es ist wohl richtig, daß die Sendung nicht blos nach außen in die Weite, sondern auch nach innen in die Tiefe der Seelen bestimmt ist, allein es wäre nicht mehr christlich, sondern jüdisch, wenn man sich mit seinem Heil absondern wollte und es den übrigen Menschen nicht gönnte. Deswegen gehört die Bekehrung, die Propaganda, das Proselytenmachen und die Heidenbekehrung zu den ältesten Rechten und Pflichten der Christenheit, nach dem Gebote: gehet hin und lehret alle Heiden!

Die Menschen sind aber noch weit im Christenthum zurück. Die Christen bilden immer nur noch eine Minderheit in der großen Menschenmenge und hindern sich selber am Bekehren der andern durch Mangel an christlicher Stärke und Tugend und durch ihre Uneinigkeit unter einander. Die Zeit der heiligen und wunderthätigen Apostel ist nicht mehr. Die Christen, die in fernen Welttheilen zu den Heiden kommen, sind in der Mehrheit das Gegentheil eines Apostels oder wahren Missionärs, rohe englische oder nordamerikanische Matrosen, lüderliche französische Soldaten, habgierige und unbarmherzige Kaufleute und Eroberer, spanische Conquistadores mit ewig blutigen Händen, holländische Krämer=

seelen voll Grausamkeit,\*) englische Egoisten, welche die Blätter des Evangeliums zu Etiketten des Opiumgiftes mißbrauchen. Wohin alle diese s. g. Christen kommen, schlachten sie die armen Heiden hin und rauben ihnen ihr Land (die Engländer heute noch in Neuseeland, wie einst die Spanier in S. Domingo), oder machen sie zu Sclaven (Neger und Kulis heute noch), oder bringen ihnen Laster und Krankheiten, die sie niemals vorher kannten, Trunkenheit, Spielwuth, Syphilis ꝛc. Wenn nun auch wahrhaft fromme Missionäre nachkommen und den Heiden die christliche Lehre predigen, so finden sie schwerlich Glauben, denn die Heiden sagen mit Recht: wenn ihr Weißen trotz eures Christenthums so voller Laster und Bosheit seyd, kann eure Lehre auch nichts werth seyn.

Dazu kommt nun noch die Glaubensverschiedenheit unter den Christen, der Hader der Missionäre unter einander, wenn sie auf demselben Missionsfelde arbeiten. Alle wollen Christen seyn, aber jeder sagt, der andere sey ein schlechter Christ, dem man nicht glauben dürfe. Protestantische Missionäre werden von katholischen, katholische von protestantischen vertrieben, z. B. auf Tahiti. Die Missionäre sind oft durch ihre Stellung zur Colonialregierung gezwungen, Ansprüche zu machen, welche der apostolischen Armuth und Demuth widersprechen. Im englischen Ostindien z. B. ist jeder Weiße als solcher ein vornehmer Herr und kann ohne großes Gefolge nicht reisen. Der verheirathete Missionär kann nur

---

\*) In Japan wurden die Christen verfolgt, die vorher durch katholische Missionäre bekehrt worden waren. Um das Monopol des Handels dort zu bekommen, traten die Holländer dort das Kreuz mit den Füßen und schwuren: wir sind keine Christen, sondern Holländer.

aufziehen wie ein Lord mit seiner Lady. Mehr Glück machen daher die katholischen Bettelmönche aus Frankreich, die in ihrer barfüßigen Armuth beim gemeinen Volk unter den Heiden leichter Vertrauen finden.

Im Ganzen haben die Missionen in früheren katholischen Zeiten einen bessern und raschern Fortgang gehabt, als in neuerer Zeit die sämmtlichen protestantischen, die der Lutheraner und Calvinisten, der Deutschen, Engländer, Scandinavier und Nordamerikaner, der Herrnhuter, Quäker, Methodisten, Baptisten ꝛc. Den glänzendsten und erfreulichsten Erfolg hatten die katholischen Missionen in Südamerika, wo fromme Patres sich des armen Indianervolks annahmen, es gegen die grausamen Conquistadores schützten, es in den Urwäldern in Colonien vereinigten und väterlich regierten, so daß sie hier zwei Jahrhunderte hindurch in einem Paradiese lebten. Ein solches Paradies war namentlich Paraguay, welches, wie alle andern Colonien des Jesuitenordens, durch die weltliche Gewalt zerstört werden sollte. In neuerer Zeit ist fast überall der Segen jener Missionen, verschwunden. Aber auch die zahlreichen Missionen die vom protestantischen Europa und von Nordamerika ausgingen, haben verhältnißmäßig nur wenig ausgerichtet, aus den oben schon angeführten Gründen.

Mit Recht hat man den Engländern in Bezug auf die christliche Religion die schwersten Vorwürfe gemacht. Sie, die mit ihren Flotten die entferntesten Ufer des Meeres beherrschen, wären vorzugsweise geeignet, das Christenthum unter den fernen Heiden auszubreiten. Sie thun es auch, aber nur, wo es ihr Handelsinteresse fördern kann. Ihre Missionäre sondiren, wo etwa englische Niederlassungen zu etabliren wären, um dieses Handelsinteresse zu fördern. Sie bekehren die Heiden zu Christen, um ergebene Diener aus ihnen zu machen. Wo es ihrem Interesse aber nicht entspricht, wo sie zahlreiche Heidenvölker um des Friedens willen in ihrem Götzendienst aus Klugheitsrücksichten lieber schonen, da schränken sie die Mission geflissentlich ein, und die Ausbreitung des Christenthums ist ihnen nicht nur gleichgültig, sondern sie hemmen sie auch geradezu und schmeicheln dem Heidenthum. Hier einige Beispiele aus Indien. Der Missionar Weitbrecht erzählt in seinem Werk über die indischen Missionen (1844): „Die Kaufleute in Birmingham machten vor einigen Jahren eine gute Speculation, indem sie tausende von messingenen Götzen verfertigten und nach Calcutta versandten, wo sie gute Abnahme fanden. Ich hörte es als eine traurige Thatsache in England erzählen, daß an Bord eines und desselben Schiffes zwei Missionäre und mehrere große Kisten voll von solchen Götzen nach Calcutta abgingen. Auch hat sich die englisch-ostindische Regierung die berühmten Wallfahrtsorte zu Nutze gemacht und den Besuch derselben besteuert. Jeder Pilgrim, der Juggernauth besuchte, mußte bei seinem Eintritt 18 Batzen zahlen; das Doppelte und Dreifache, wer in Gaya die Todtenfeier seiner Vorfahren beging. Man hat berechnet, daß die ostindische Regierung jährlich über eine halbe Million Gulden Einkünste vom Götzendienst bezog. Dafür beschenkt sie das Riesenbild des Götzen jährlich mit mehreren hundert Ellen schönem Tuch zu seiner Bekleidung." In den Erinnerungen eines ostindischen Missionärs, welche 1865 anonym in Halle erschienen sind, wird erzählt, ein reicher Engländer in Calcutta habe auf dem Grabe seiner Maitresse, eines schönen Hindumädchens, einen heidnischen Tempel erbauen lassen, und zwei Missionäre, die öffentlich einen Tadel darüber ausgesprochen hatten, seyen deshalb verklagt und zu 300 Pfund Sterling Strafe verurtheilt worden. Der Missionsdirector Graul beklagt in seinem 1855 erschienenen Werk über Ostindien die erstaunliche Gleichgültigkeit der englischen Behörden in Sachen der Bekehrung zum Christenthum. Obgleich die Engländer schon lange auf Ceylon herrschen und noch viel länger vorher die Holländer Herrn der großen Insel waren und es hier von Missionären wimmelt, so fand Graul doch nur 4235 evangelische Christen unter den Eingebornen, und sie waren noch dazu mit dem Spottnamen „Regierungs= christen" gebrandmarkt, weil jedermann wußte, sie hätten sich nur bekehrt, um von der Regierung Anstellungen oder Unter= stützungen zu erhalten. Anderwärts heißen solche Neube= kehrte „Reischristen", weil Reis die Hauptnahrung ist und viele nur aus Armuth sich bekehren lassen.

Noch viel schwerere Vorwürfe treffen die Engländer in China. In diesem großen Reiche von 360 Millionen Ein= wohnern (mehr als in ganz Europa zusammengenommen) hat sich schon vor 300 Jahren und später immer wieder= holt eine nicht geringe Empfänglichkeit für die christliche Wahrheit kund gegeben, denn trotz aller Wunderlichkeiten, die der chinesischen Civilisation ankleben, und trotz der Cor= ruption, die sich überall dort in den von Menschen über= füllten Städten findet, liegt im Wesen der Chinesen ein Grundzug von Ernst und Verstand, wie bei keinem andern Volk in Asien. Wenn die europäischen Christen nun, die nach China kommen, nur wahre Christen wären, so hätte für die Bekehrung Chinas schon viel geschehen können. Aber wel= ches Beispiel geben ihnen die Engländer? Da China mit ein= heimischer Industrie überfüllt ist, können die Engländer die ungeheuern Massen von Waaren, welche sie jährlich aus

China holen (besonders den kostbaren Thee), nicht gegen englische Fabrikate austauschen, sondern müssen sie baar bezahlen, wodurch England von baarem Gelde entblößt, China damit überfüllt wird. Um nun diesem Uebelstand zu steuern, hat England im Verlauf unseres Jahrhunderts in immer größeren Massen Opium, hauptsächlich in seinen Colonien in Ostindien produciren lassen und diesen berauschenden Mohnsaft in China eingeführt, wodurch es ihm endlich möglich geworden ist, den Preis des Thees mit dem des Opiums auszugleichen. Das Opium entnervt aber die Menschen, die sich an seinen Genuß gewöhnen, in schauderhafter Art, degenerirt die chinesische Bevölkerung und inficirt sie mit denselben Lastern, die in Europa die Trunksucht zu begleiten pflegen. Im Opium liegt ein viel schädlicheres Gift als im Alkohol. Da nun dieser Stoff von Jahr zu Jahr in immer kolossaleren Massen in China eingeschleppt wurde, bis 1833 zu einem jährlichen Werth von mehr als 80 Millionen, so hielt es der Kaiser von China in Uebereinstimmung mit den Großen seines Reichs für eine dringende Pflicht, diesen heillosen Gifthandel gänzlich zu verbieten. Elliot, der damals die britische Marine in den chinesischen Gewässern befehligte, erkannte, daß die chinesische Regierung hierin in ihrem vollen Rechte sey, und versprach derselben, seinerseits den schändlichen Handel nicht beschützen zu wollen. Nun ließ die chinesische Regierung alles Opium, soweit es nicht vor ihr versteckt werden konnte, mit Beschlag belegen und über 20,000 Kisten desselben vertilgen, 1838. Da nun aber der Giftverkauf für die Engländer so einträglich gewesen war und in England das Geldinteresse über alles geht, würdigte sich die englische Regierung herab, den Fortverkauf des Opium in China mit Gewalt durchzusetzen. Der humane Elliot fiel in Ungnade und statt seiner kam 1842 eine englische Dampfflotte unter Pottinger nach China, zerstörte mit ihren furchtbaren Geschützen alle Küstenstädte, die sich widersetzten, und ertrotzte die Nachgiebigkeit Chinas. Dieses Reich mußte den Opiumhandel fernerhin erlauben, fünf Häfen ausschließlich zu diesem Zweck öffnen und 21 Millionen Dollars Kriegsentschädigung zahlen. Vergebens bot der Kaiser von China England einen jährlichen Tribut von 74½ Millionen an, wenn es nur kein Opium mehr nach China schicken wolle. England schlug es aus, weil es vom Verkauf dieses verlockenden Giftes eine noch größere jährliche Summe zu gewinnen hoffte. So handelte das christliche England und so handelt es noch jetzt.

Wenn nun auch durch die englischen Missionäre Bibeln in China verbreitet worden waren und das Lesen derselben einen gewissen Tiente erweckt hatte, die christliche Secte der Taiping zu stiften, und diese reißende Fortschritte im Innern Chinas machte, so konnten dieselben doch von den Engländern keine Unterstützung erhalten, denn England half hier den Heiden gegen die Christen. Sobald nämlich der Kaiser von China den englischen Forderungen hatte nachgeben müssen und den Opiumhandel wieder gestattete, half ihm England gegen die Taipings, weil diese den Opiumhandel nicht duldeten. Ein Engländer erzählt selbst, mit welcher Beschämung er habe anhören müssen, wie die Taipings über die Engländer urtheilten, welche Christen zu seyn behaupteten und die Gebote christlicher Liebe, wie die der Ehrenhaftigkeit, doch mit Füßen traten.

Auf den Südseeinseln gaben sich englische Missionäre ehrlich Mühe, christliche Gesittung unter den Wilden einzuführen. Aber auf der berühmten Insel Otaheiti wirkten ihnen die Franzosen entgegen, die hier mit lachender Schadenfreude durch Soldaten und Matrosen die schändlichste Corruption verbreiteten. Die große Insel Neu-Seeland war fast ganz bekehrt und in guter Ordnung unter der Regierung der Missionäre, als die Colonisten, die in Masse aus England herbeikamen, das Werk der Missionäre wieder zerstörten und die armen Wilden yankeeartig brutalisirten. In Nordamerika haben die Yankees nie etwas gethan, um die noch zahlreichen wilden Ureinwohner zu civilisiren. Nur die Laster der Civilisation haben sie auf sie übergetragen und sie dadurch nur noch mehr verwildert, so daß in jüngster Zeit von den Vereinigten Staaten von Nordamerika aus ein förmlicher Vertilgungskrieg gegen die Indianer geführt wird.

In Afrika ist die uralte Sclaverei der schwarzen Race durch die Ankunft und Niederlassung von Christen nicht aufgehoben worden. Das Innere des Welttheils ist noch voll von uraltem blutigen, schmutzigen und kindischen Götzendienst. Heute noch herrscht im Königreich Dahomey der Gebrauch, daß, wenn der neue König die Gräber seiner Väter besucht, er durch ein Spalier von Menschen geht, welche, so wie er sich nähert, vor seinen Augen geköpft werden, so daß er seinen Fuß beständig in frisches Blut setzt. In vielen Städten im Innern Afrikas wird noch Menschenfleisch gegessen und öffentlich auf dem Markte verkauft. Nur die Muhamedaner haben hin und wieder die ärgste Roheit und Bestialität der Neger gemäßigt. Dagegen ist Abessinien, ein uralter christlicher Staat, in die Bestialität zurückgefallen. Am Cap hatten die Holländer eine große Colonie gegründet, die ihnen die Engländer weggenommen haben. Allein auch von hier aus ist wenig für die schwarze Race geschehen. Die Hottentotten sind durch die christliche Berührung geknechtet, aber nicht veredelt worden, und die Kaffern werden von den Engländern als Leute behandelt, die man wie das Wild ausrotten müsse.

Also gibt es auf der Oberfläche unseres Planeten noch viele Millionen Menschen, denen das Licht der Offenbarung noch niemals geleuchtet hat, oder welche von den sog. Christen nur Böses, nur Krankheiten, nur Schändung, nur Laster oder den Tod empfangen, die von den sog. Christen nur zu Sclaven unchristlicher Begierden und Interessen gemacht, oder verächtlich in die Wüste gejagt, oder wie Urwald, welcher die Leute am Anbau hindert, niedergeschlagen werden. Das ist die Art und Weise, wie die christlichen Nationen Europas das apostolische Gebot des Menschensohnes erfüllen. Christus, der seine Arme weit ausbreitete, um alle seine Menschenbrüder zu sich heranzuziehen, hat sich unter dem Einfluß der modernen Bildung unvermerkt in das scheußliche Götzenbild der indischen Todesgöttin Kali verwandelt, die in jedem ihrer vielen Arme ein anderes Mordinstrument trägt.

# Drittes Buch.

## Christenthum und Vernunft im Einklang in Bezug auf den zeitlichen und ewigen Beruf des Menschen.

# 1.
## Der Unerforschliche.

Wenn wir auch unser Verhältniß zu Gott nicht mißverstehen können und unsere Vernunft deßfalls die klaren Worte der heiligen Schrift nur bestätigt, so ist doch damit nicht gemeint, daß menschliche Weisheit jemals das Wesen Gottes ganz ergründen und begreifen könnte. Nicht einmal der ganze Umfang seiner Werke ist dem Menschen bekannt, noch viel weniger die Tiefe des göttlichen Geistes. Wir können nur hoffen, sofern wir unsterblich sind, in der Erkenntniß Gottes künftig fortzuschreiten, wenn wir uns dessen würdig machen, aber wir dürfen uns niemals einbilden, mit unserm Horizont den des allmächtigen Gottes zu umspannen. Diese Resignation ist selbst der gottsuchenden Seele zu empfehlen, die nur vom Zug der Liebe getrieben wird, noch vielmehr aber jenen Denkern von Profession, die sich Philosophen nennen und die in der Hoffahrt leben, sie könnten mit dem Leiterchen ihres Verstandes die Höhe Gottes erreichen. Die moderne Philosophie hat in der That als Axiom hingestellt, es gebe nur eine Vernunft, die göttliche könne also auch keine andere seyn als die menschliche; es gebe nur ein Object des Denkens und nur eine Methode des Denkens, welche daher für den Menschen dieselbe seyn müßte, wie für Gott. Andere gehen in der Hoffahrt noch weiter und leugnen Gott überhaupt, setzen an dessen Stelle als das Ewige nur die Materie und lassen deren sublimste Entfaltung nur den Menschen seyn. Diese lassen wir als unzurechnungsfähig bei Seite.

Wichtiger ist, wie sich die Gläubigen zum unerforschlichen Gott stellen. Man bemerkt in der neuern Zeit, namentlich seit dem 17. Jahrhundert, in den poetischen Spielereien der Jesuiten und der protestantischen Pietisten, insbesondere der Herrnhuter, eine gewisse Familiarität, welche sich Gott auf eine unerlaubte Weise zudringlich nähert und sich mit Liebe entschuldigt, indem sie die Ehrfurcht verletzt. Diese Aufdringlichkeit der Ueberfrommen ist nicht minder eine Sünde, wie das Leugnen Gottes und der Spott der Ungläubigen. Auch hat ein Extrem hier das andere hervorgerufen. Es ist eine Ueberhebung des Menschen so wie so, ob er Gott gleichgültig vorbeigehen zu können glaubt, oder ihn aus Liebe körperlich angreifen, herzen und küssen will. Gottes Größe läßt das nicht zu, ein Schauer umgibt seine Heiligkeit, ein Geheimniß bleibt zwischen ihm und seinem feurigsten und innigsten Anbeter. Die Gottesfurcht darf keinen Augenblick aus dem menschlichen Herzen weichen, oder er fühlt, denkt und handelt verkehrt, taktlos und die Vernunft in ihm ist umnebelt. Als Moses auf dem Berge Horeb dem Busche, aus welchem Gott zu ihm sprach, nahe kam, schlugen Flammen aus dem Busche, und noli me tangere sprach Christus zu der Sünderin, die ihn am meisten geliebt hatte.

Die Spötter alles Heiligen fühlen hier, was sich ziemt, richtiger heraus, als manche Ueberfrommen, und in diesem Punkte ist der Spott berechtigt, und sollten wahre Christen durch die täppische Art, wie sie Gott lieben und dienen zu müssen glauben, niemals den Spott herausfordern. Wenn man einem so kindischen Volke, wie den Neapolitanern, die Possen, die sie mit ihrem Bambino trieben, verzeihen mag, so sollte doch unter besonneneren Christen, insbesondere unter Protestanten nichts vorkommen, was diesem grobsinnlichen Anfassen des Heiligen ähnlich ist.

Vom Erhabenen zum Lächerlichen ist nur ein Schritt. Das hätte nie außer Acht gelassen werden sollen, als in der griechischen und römischen Kirche die Formen der Gottesverehrung festgestellt wurden. Die Nachfolge Christi z. B. besteht in etwas Anderem als in der Tonsur. Den Dornenkranz des Heilands durch den auf dem kahlen Haupt stehengelassenen Kranz von Haaren wiedergeben zu wollen', war ein grober Mißgriff. Man soll für das Heilige kein Sinnbild wählen, was eine widerliche Entstellung der von Gott geschaffenen Wohlgestalt des Menschen ist. Man soll kein Leiden des Sohnes Gottes, welches sich unserer Einbildungskraft nur in der erhabensten und rührendsten Schönheit darstellt, durch eine lächerliche Verunstaltung der menschlichen Kopfbildung nachbilden wollen.

Eine der Gottheit unwürdige Vorstellung ist auch diejenige, welche den Leib und das Blut des Heilands allen möglichen Zufällen der Verunreinigung oder boshafter Mißhandlung preisgibt in einer Unzahl von sog. Hostienwundern. Wenn die, welche sich Christen nennen, nur nicht fort und fort mit ihren Sünden den Heiland kreuzigen hülfen, brauchten sie um jene Hostien nicht so ängstlich besorgt zu seyn.

Die Liebe zum Heiland ist die zarteste, deren der Mensch fähig ist. Wir bewundern Dante, der in seinem unsterblichen Gedicht vom Paradiese in verschiedenen Abstufungen und Gruppen Heilige und Selige emporschweben läßt zum Throne Gottes. Der Zug nach oben, die Sehnsucht gleicht nicht der

Motte, die dumm in die Flamme stürzt. In heiligem Schauer der Ehrfurcht mißt sie die Ferne von Gott nicht mit Schritten, sondern nur mit dem Blick ab. Man kann die Liebe nicht demüthiger denken, und so ist es natürlich, wenn der niedere Mensch zum hohen Gott aufblickt. Wie häßlich, roh ist dagegen das Abküssen der Zehen am Kruzifix (Abbeißen sagt das Volk) und das Waschen, Baden, Sichwiegen und Sichbetten in der Seitenwunde.

Die jungfräuliche Mutter soll uns heilig seyn, aber niemand soll sich unterstehen dürfen, sich ihr gleich dem Jesuskinde an die Brust legen zu wollen, wie man das auf Kirchenbildern sehen kann und wie es in den Legenden von mehreren namhaften Heiligen erzählt wird.

Die christliche Poesie und Kunst hat zweierlei streng zu vermeiden, nämlich außer der gerügten Aufdringlichkeit und pöbelhaften Vertraulichkeit mit den heiligen Personen hauptsächlich auch deren häßliche Darstellung. Zwischen der dummen Gier der Kinder und Wilden, die alles gleich anfassen und in den Mund stecken wollen, was sie interessirt, und dem Bedürfniß edler Seelen, im Heiligen zugleich das Ideal des Schönen zu sehen und in der bildlichen Darstellung der heiligen Personen wenigstens annähernd zu erreichen, was die Musik mit größerer Sicherheit erreicht, ist ein Unterschied, den man nicht ungestraft außer Acht lassen kann. Wir sind also nicht gegen die Bilder eingenommen, nur gegen gewisse, leider zahlreiche Bilder. Wir rechnen dahin nicht blos die fabrikmäßige Häßlichkeit, sondern auch das Studirte, wenn Künstler nicht demüthig vom heiligen Gegenstand erfüllt sind, vielmehr nur eitle Effekte machen wollen und sogar dem modernen Zeitgeist dabei huldigen. So hat man in Paris versucht, den Heiland mit auffallend jüdischen Gesichtszügen zu malen und zugleich etwas von der Eleganz eines Pariser Stutzers hineinzulegen.

Genug, es ist in diesem Gebiet viel und gröblich gefehlt worden. Plumpe Hände haben das unnahbar Heilige zu entweihen gesucht. Im Evangelium ist nichts enthalten, was dazu berechtigte. Vielmehr ist alles, was darin vom Heiland berichtet wird, von einer solchen wahren Heiligkeit und von einer Feinheit der Gefühlsweise und Denkart, von so sittlicher Zartheit und zugleich so vernünftig und geschmackvoll, daß die kirchliche Poesie und Kunst niemals hätte davon abweichen sollen. Das ist ein Gegenstand, mit welchem das bevorstehende ökumenische Concil sich zweckmäßiger beschäftigen würde, als mit manchem andern. Soll die Mißachtung der Kirche, wie sie sich jetzt am stärksten im katholischen Süden ausspricht, einer neuen Liebe und Begeisterung für dieselbe weichen, so muß vor allen Dingen das in der Kirche bewahrte Heilige von den geschmacklosen und unwürdigen Zuthaten und Entstellungen gereinigt werden.

Noch eine wichtige Frage muß hier erörtert werden, die auch die Protestanten angeht. Sie betrifft die Gnade Gottes, die man leider eben so plump und gierig angefaßt hat, wie anderes Heilige. Es lag ganz im Entwicklungsgange der Zeit, daß man sich über die Gerechtigkeit Gottes zu täuschen und seiner Gnade ein unverhältnißmäßiges Uebergewicht zu geben suchte. Es war bequemer, an die Gnade zu appelliren als sich dem Richterspruch zu unterwerfen. Der allmälige Abfall von der christlichen Wahrheit charakterisirte sich überhaupt durch Versteckenspielen der Sünde. Wie schon im Paradiese Adam und Eva, nachdem sie gesündigt hatten, sich versteckten, so war es, indem die Kirche entartete, und ist es heute noch ein Hauptbestreben der Namenchristen, sich vor dem strafenden Richter zu verstecken, ihn nicht sehen zu wollen, die Gerechtigkeit zu eskamotiren und nur die Gnade als göttliches Grundwesen festzuhalten. Aber die Gnade ist etwas gar Zartes, so zart wie der Regenbogen, daß man nicht hineingreifen und sie festhalten kann. Erfreut sich der Mensch mit Recht seines freien Willens, ist er stolz darauf und miß= braucht er ihn, um sich erst recht seiner schrankenlosen Frei= heit bewußt zu werden, so wird er sich wohl gefallen lassen müssen, daß auch Gott seinen freien Willen habe. Und dieser ist seine Gnade. Die leidet keinen Zwang, die läßt sich nicht, weder durch einen Ablaßbrief, noch durch einen Mißbrauch der lutherischen sola fides decretiren, dem lieben Gott vor= schreiben. Noch läßt sich von angeblich Beauftragten Gottes Bürgschaft dafür leisten. Damit ist das herrliche Institut der Beichte entweiht und ein grobes Pochen auf Seligkeit provocirt worden. Die Gnade ist Gottes allein, und wenn ihr die h. Schrift kennt, sollte euch doch wohl klar geworden seyn, daß ihr keinen Maßstab habt, noch je finden werdet, um die Gnade Gottes auszumessen. Hier straft er, läßt Feuer vom Himmel regnen, scheint unbarmherzig; dort ver= zeiht er sogar der Ehebrecherin, entschuldigt die, welche viel geliebt hat, und fragt mit wahrhaft göttlicher Anmuth den Verblüfften, der soviel Gnade nicht begreifen kann: Was siehst du scheel, daß ich so gütig bin? Es ist also etwas sehr Delicates um diese Gnade Gottes, und sie wird ewig das Geheimniß Gottes bleiben. Der alltägliche Verstand begreift sie nicht, grade so wenig wie der Prophet Jonas, als er sich behaglich niedersetzte, um dem Untergange von Ninive zuzusehen.

Gott ist die Liebe, aber auch die Gerechtigkeit, jedenfalls die allervollkommenste Vernunft, die am besten weiß, welche feinste psychologische Grenze sie als Richterin einzuhalten hat. Wer es wagt, ihm im Urtheil vorzugreifen und über die Seelen im Jenseits verfügen zu wollen, würde sich schwer versündigen, wenn hier die Thorheit nicht als Milderungsgrund einzurechnen wäre. Wie es scheint, sollten die Christen sich begnügen, einander aus Bruderliebe zu fluchen, einander zu massakriren, zu erwürgen, lebendig zu verbrennen, aber sie sollten diese Bruderliebe wenigstens nicht noch auf das Jenseits ausdehnen wollen.

## 2.
### Von der Eitelkeit alles Irdischen.

Wie großartig auch die Weltgeschichte sich wie ein zusammenhängendes Epos vor uns aufrollt, oder wir, da sie noch nicht vollendet ist, sie wie ein Trauerspiel sich abspielen sehen und noch schlimme Verhängnisse ahnen, die da kommen werden, sie aber auch wieder reizende Idyllen des Glückes in sich schließt und unser Interesse auf das lebhafteste an sich fesselt, so werden wir doch oft genug durch den Gedanken überrascht, jeder von uns wird aus der Menge der Mithandelnden und Zuschauer unnachsichtlich herausgerissen und kann den Ausgang des interessanten Schauspiels nicht erleben. Dadurch wird jeder von uns an den Ausspruch des Heilands gemahnt: Mein Reich ist nicht von dieser Welt! Wären wir nicht unsterblich, könnten wir uns niemals wieder besinnen, erwachten wir nicht aus dem Todesschlafe, so hätten wir umsonst gelebt. Würde nun auch die Weltgeschichte zu Ende geführt und ihr Andenken in der Erinnerung irgend eines Genius der Erde, oder in einem himmlischen Buche aufbewahrt, so wäre doch von jedem von uns nur ein Traumbild in der Erinnerung jenes Genius oder ein Wort in jenem Buche übrig, ohne daß wir es wüßten.

Das ist nicht unsere Bestimmung. Wir werden, wie die innere Stimme uns sagt und uns die Offenbarung die Versicherung gibt, in einem andern Leben fortdauern, vom Tode auferstehen. Jeder muß nun einsehen, daß, wenn er in einer andern Welt fortdauert, er auch schon ursprünglich nicht für die irdische Welt, in der er sterben muß, sondern für jene höhere geschaffen war. Daraus muß er aber auch schließen, daß er sein irdisches Leben nur als Vorbereitung auf das künftige zu betrachten hat. Die Vorbereitung kann aber nichts anderes sein, als Prüfung, inwieweit er sich eines bessern Daseyns würdig gemacht hat. Denn er nimmt in die neue Welt nichts mit hinüber, als den Werth seiner Gesinnungen und die Erinnerung an seine Handlungen. Der Werth oder Unwerth derselben hängt aber ausschließlich von dem Gebrauch ab, den er von seiner Freiheit gemacht hat, in Gedanken, Worten und Handlungen. Das ist sein eigen, das nimmt er mit hinüber in die andere Welt, wenn er diesseits alles andere und für immer zurücklassen muß.

Auch die Weltgeschichte selbst hat keine Bedeutung für sich anzusprechen. Sie ist nur das Mittel für den Zweck der Durchreise jedes einzelnen Menschen durchs zeitliche Leben zum ewigen. Nur sofern sie dient, der menschlichen Freiheit nach allen Richtungen hin einen Wirkungskreis zu eröffnen, in welchem sich ihr würdiger oder unwürdiger Gebrauch bewähren kann, erfüllt sie ihren Zweck. Alles in ihr ist vergänglich, ist eitel, wie der weise Salomo sagt, so weit es nur Mittel ist. Ihre einzige lebendige Frucht ist das, was die Menschen an sittlichem Werth oder Unwerth aus ihr in die Ewigkeit mit hinüber nehmen. Was sie an heroischen, was sie an sanften Tugenden zur Erscheinung gebracht hat, wie auch vom Gegentheil, lebt fort mit den unsterblichen Seelen, denen es zum ewigen Heil oder zum ewigen Verderben gereicht. Jeder rechte, vernünftige, gottgefällige Gebrauch der Freiheit wird dort belohnt, das Gegentheil bestraft. Wie aber diese Früchte für die andere Welt gereift sind, stirbt der Baum der Weltgeschichte sammt der Erde selber wieder ab, denn sie waren nur Mittel, nicht Zweck.

Schon innerhalb der Weltgeschichte selbst sehen wir ganze Völker dahin sterben, die prachtvollsten Werke großer Culturperioden in Ruinen und Staub zerfallen, wie einst nach der Offenbarung Johannis auch die letzten Völker mit der Erde selbst untergehen werden.

Insofern ist nun wirklich, wie Salomo sagt, in diesem irdischen Leben alles eitel. Ich kann nicht umhin hier an die geistreiche Auffassung des Irdischen in den Mysterienlehren und der Gräbersymbolik schon der alten Griechen zu erinnern. Man hatte damals schon eine Vorahnung der christlichen Unsterblichkeitslehre, mußte sie aber der profanen Menge gegenüber in Symbole verschleiern. Die salomonische Lehre, daß alles auf Erden eitel sey, wurde damals schon erkannt, aber in der Art maskirt, daß man auf die Unterwelt übertrug, was die Wissenden vom irdischen Leben verstanden. Man stellte alles vergebliche Ringen und Trachten der Menschen auf Erden als Höllenstrafen dar. Die betreffenden Mythen und Symbole haben eine große innere Wahrheit, daß sie ihre Anwendung auch heute noch auf alles unvernünftige Sinnen und Trachten der Menschen, auf jeden falschen Gebrauch ihrer Freiheit finden. In der Arbeit des Sisyphus erkennt man unschwer das Aide toi der Neuzeit wieder, den Liberalismus, der mit Verfassungs=

formen, allgemeiner Wahlfreiheit, Gleichberechtigung aller, Mehrheitsbeschlüssen den Staat und das Volksglück auf die Höhe der Vollendung emporheben will und immer wieder von vorn anfangen muß, oder den pädagogischen Schwindel, der durch Erziehung eine vollkommene Menschheit herausbringen will und nie herausbringt. In der Qual des Tantalus erkennt man eben so deutlich den Hunger der Armen wieder, die den Luxus der Reichen immer vor Augen haben und selber im Elend vergehen müssen. In den Danaiden die fleißigen unermüdlichen Leute, die unaufhörlich arbeiten und steuern und doch das Faß der Finanzen nicht füllen, weil alles aus demselben wegfließt. Im Oknos, der immerfort aus Schilf ein Seil flicht, was ihm unbemerkt der hinter ihm stehende Esel wieder abfrißt, den langen Zopf der falschen Wissenschaft. Im Ixion, der sich auf dem Rade immer um sich selbst drehen muß, weil er als Mensch der Gottheit Gewalt anthun zu wollen sich erfrechte, die unverschämte moderne Philosophie der Selbstvergötterung. Im Tithos endlich den modernen Weltschmerz.

Kein Völkerideal ist auf Erden jemals erreicht worden, oder wenn einmal ein hochgebildetes Volk eine Glanzperiode wohlverdienten Ruhmes erlebt hat, sank es von dieser Höhe bald wieder herab. Auch keine kühne Gewalt hat die träge Menschheit zu der Höhe hinauf peitschen können, auf der sie ein energischer Herrscher und Gesetzgeber haben und festhalten wollte. Die berühmtesten, die edelsten Völker gingen alle unter in Corruption. Die ältesten Weltreiche der Aegypter und Babylonier gingen durch ihre Cultur zu Grunde, weil ihr der sittliche Nerv fehlte. Die Fleischtöpfe und das goldene Kalb der Aegypter, noch mehr die große babylonische Hure charakterisiren die materialistische Richtung jener ältesten

Civilisation. Bei den Persern zuerst ermannte sich das sittliche Gefühl und kämpfte ritterlich gegen die Wollust, die vom alten Götzendienst unzertrennlich geworden war. Aber auch sie erlagen, als sie zu Macht und Reichthum gelangt waren, der Verführung. Das edle Volk der Griechen schien, indem es die Kraft und Schönheit des äußeren Menschen zur höchsten Blüte entfaltete, zugleich den feinsten Geist ausbildete und alle andern Völker physisch und psychisch an Adel übertraf, das Völkerideal erreicht zu haben. Allein es war Täuschung. Auch die Griechen entarteten und sogen aus ihrer feinen Civilisation noch feinere Gifte ein, als alle andern Völker, ja sie sanken moralisch tief unter rohe Barbaren herab. In den Römern schien der männliche ritterliche Geist der Perser sich zu verjüngen, aber auch sie, sobald sie zu Macht und Reichthum gelangt waren, entarteten gleich jenen. Verführt von der griechischen Bildung, die nur noch eine schöne Leiche war, mußten sie in deren Umarmung verwesen.

Wo immer eine kraftvolle Dynastie ein Volk unter ihrem Zeichen vereinigte, ein neues Reich, eine bessere Ordnung der Dinge gründete und weise Gesetze gab, die Söhne schlugen den Vätern nicht mehr nach, die Enkel entarteten, das Reich ging zu Grunde, früher oder später. Wo irgend ein edler Held ein Volk für die Freiheit begeisterte, das Joch der Tyrannei oder Fremdherrschaft brach und einen Freistaat gründete, der die edle Begeisterung verewigen sollte, da währte es niemals lange, die stolzen Republikaner verknöcherten in steife greisenhafte Aristokratie, oder verwilderten in Demokratie und Anarchie. Wo ein großer Denker die Jugend begeistert, das Volk hingerissen hatte zu höhern Anschauungen der göttlichen und irdischen Dinge, wo er in

Gesetz- und Lehrbüchern, in Institutionen, in einem pythagoräischen Bunde, in Mysterien die Weisheit niedergelegt, daß sie das Erbe seines Volkes bleibe, fehlte niemals der Tyrann, der gleich einem großen Elephanten die zarte Anpflanzung niedertrat, oder der Pöbel, der wie eine Heerde Säue in dieselbe einbrach. Wenn die wachsende Bildung eines edlen Volkes den ästhetischen Sinn ausbildete, Begeisterung für die Kunst erweckte, große Künstler Ideale des Schönen vor die erstaunte Welt hinzauberten und die Kunst eine Zeit lang unter dem enthusiastischen Beifall der Großen und des Volks sich auf gleicher Höhe behauptete, sank sie doch immer und unvermeidlich allmälig wieder herab, theils durch den Zudrang anmaßender aber unfähiger Nachahmer, theils durch die Geistlosigkeit akademischer Schablonen, die den Geist in eine stereotype Form bannen wollten, theils durch die Eitelkeit der Künstler, die das Beste noch besser machen wollten und unwillkürlich vom Ideal in die Karikatur fielen, endlich durch die Ueppigkeit und Willkür der Großen, der Mäcene, der Kunstbesteller, und durch die Laune und Veränderungssucht der Menge.

So war denn niemals ein auch nur verhältnißmäßig idealer Zustand in der Menschheit festzuhalten. Die Erscheinung des Menschensohnes auf Erden selbst war nicht im Stande, eine dauerhafte und ausgiebige Begeisterung in dieser Menschheit zu nähren. Auch die Kirche entartete. Auch die christlich-germanische Theokratie wurde eine falsche Hierarchie, das Kaiserthum zerfiel in eine eigenmächtige und zwieträchtige Fürstenoligarchie. Die organische Gliederung der Stände fiel auseinander. Jeder Stand verkam allmälig in seiner Isolirtheit. Jetzt ist die Auflösung noch weiter gediehen, denn sie bleibt nicht einmal mehr vor der Familie stehen und will auch diese decentralisiren.

Wen das immerwährende Herabsinken von schon erreichten Idealen, das Erfolglose alles irdischen Strebens mit Wehmuth erfüllt, muß sich doch mit dem Gedanken trösten, daß das irdische Daseyn überhaupt nicht sein eigener Zweck, sondern nur das Mittel, die Vorbereitung für das künftige Leben ist, und daß in ihm doch alles erreicht wird, was erreicht werden sollte. Denn alles edle Streben im irdischen Leben erreicht sein Ziel jenseits; alles Gute, was wir hier leisteten oder auch nur ehrlich wollten, es war nichts Vergebliches, nichts, was verloren oder, wenn es nicht erreicht wurde, niemals erreicht werden könnte. Im Jenseits wird alles Gute gesammelt, was hier zerstreut war, und alles vollendet und erfüllt, wonach man hier nur strebte.

### 3.

## Vom Zufall.

Wenn wir die Ordnung der Natur bewundern und auch im Verlauf der Weltgeschichte eine Gesetzmäßigkeit wahrnehmen, die einen weisen Schöpfer und Regierer der Welt voraussetzen läßt, tritt uns doch überall auch der Zufall entgegen, der uns unwillkürlich erschreckt und unwillig macht, weil wir ihn nur zu oft als unvernünftig und ungerecht erkennen müssen. Warum sieht man sich bei unverschuldeten Leiden aufgefordert zu fragen: warum kam ich gerade auf diesem Planeten zur Welt? warum grade in diesem Lande und unter diesem Volke? warum in dieser Familie? grade mit diesen körperlichen und geistigen Anlagen oder Mängeln? Daran knüpfen sich noch viel mehr zur Wehmuth stimmende Fragen: Warum wurde dieses Kind, woraus ein Mensch hätte reifen sollen, todt geboren? warum ein anderes eine Mißgeburt? warum ist so vielen Menschen Mißgestalt, Krankheit, Neigung zum Wahnsinn angeboren? warum kommen so viele Menschen ihr Lebenlang aus den rohesten Zuständen nicht heraus? warum wird andern, die zu den schönsten Lebenshoffnungen berechtigen, die Lebensblüte frühe geknickt? warum kommt der eine blos durch äußere Umstände in die schwersten Versuchungen, während der andere in Ruhe und Sicherheit wie von unsichtbaren Schutzengeln gehütet zu werden scheint?

Natürlicherweise hat man von jeher die leidige Thatsache auszugleichen gesucht durch die Voraussetzung, die Seele sey unsterblich und nach dem irdischen Tode werde der Mensch, der unverschuldet auf Erden gelitten, durch Gottes Gerechtigkeit und Erbarmung reichlichen Ersatz dafür finden.

Mit diesem schönen Troste ist jedoch das Warum? noch nicht beantwortet. Das Leiden, wenn auch wieder gut gemacht, ist nicht erklärt. Die jetzt noch zahlreichsten Völker Asiens erklären alle diese irdischen Leiden, die den Unschuldigen treffen, durch eine frühere Existenz des Menschen. Während derselben soll er gesündigt haben, und was er im Erdenleben zu leiden hat, soll die Strafe dafür seyn. Darauf ist die berühmte Lehre der Seelenwanderung gegründet, die von den Indern und Mongolen in ausschweifender Weise behandelt worden ist, immer aber das Gute an sich hat, daß sie den Menschen anspornt, sich in seinem irdischen Leben möglichst von jeder Sünde fern zu halten, um im künftigen Leben nicht neuen Strafen ausgesetzt zu

seyn, sondern den Lohn der Tugend zu ernten. Die ganze
Lehre ist inzwischen eine willkürliche Voraussetzung und führt
in ihren Folgerungen zu phantastischen Vorstellungen, in
denen kein richtiges Verständniß des Weltzwecks mehr ge=
funden wird. Nach der buddhistischen Lehre sind alle Ge=
schöpfe, nicht nur der Mensch, sondern auch Thiere, Pflanzen,
Steine der Seelenwanderung unterworfen, erheben sich durch
ihre Tugend zu immer höheren Graden der Vollkommenheit,
vom Thiere zum Menschen, vom Menschen zum Range höherer
Geister, endlich zu Gott. Alle ohne Ausnahme werden zu=
letzt Buddha, verschmelzen mit ihm in ein Wesen und die
Welt hört auf. Diese Vorstellungsweise kann nicht befrie=
digen, weil sie erstens alle Wesen gleich stellt und zweitens
den langen Kampf des Lebens nur mit der Ruhe des Todes
enden läßt.

Wie sehr es auch den menschlichen Stolz demüthigen
mag, so ist es doch gewiß, daß die große Verschiedenheit der
Menschen auf Erden und alle ihre Leiden und Mängel in
dem großen Gemälde der Weltgeschichte nothwendig sind.
In dieser Mannigfaltigkeit erkennen wir ein harmonisches
Gesetz. Der Verlauf der Menschenschicksale innerhalb der
Zeit hat seine Gesetzmäßigkeit, wie die räumliche Natur mit
ihren mannigfaltigen Gegensätzen, welche doch von einer
innern Harmonie beherrscht sind. In jenem großen Ge=
mälde der Weltgeschichte ist der einzelne Mensch allerdings
nur eine winzige Staffage und von seiner Freiheit ist in
dieser Beziehung nicht viel zu rühmen. Selbst der Held
eines Volks steht in dessen Mitte und in einer gewissen Zeit,
wie ein Baum auf einem gewissen Felde wächst, und kann
nicht heraus. Die Menschheit ist nicht auf einmal entstan=
den. Von einem Paar abstammend, hat sie sich in vielen

Generationen vermehrt, Racenunterschiede und klimatische Modificationen angenommen, nicht viel anders wie die Thiere langsam im Verlauf der Zeit sich entwickelt, in gewissem Sinn an Erkenntniß und Talent vorschreitend, aber auch durch sittliche Verderbniß rückschreitend. Man erkennt in dieser geschichtlichen Entwicklung bestimmte Gegensätze, die jedoch ein Gesetz der Harmonie nicht ausschließen. Wie in der räumlichen Natur, so zeigen sich auch in der geschichtlichen Entwicklung der Menschheit Gesetze, welche die Völkermassen und ihr geschichtliches Verhalten nicht viel anders erscheinen lassen, als die elementaren Massen und das in ihnen wirksame Naturgesetz. Da ist keine Freiheit, oder was man Freiheit nennt, hat nur die Bedeutung etwa wie das fressende Element des Feuers. Daher die Vergleichung der französischen Revolution mit einem Vulkan nicht blos eine poetische ist. Sie haben ganz gleiche Bedeutung, der Vulkan in der Natur, die Revolution in der Geschichte.

Ein ungeheurer Strom rollt die Weltgeschichte ihre Wellen in eine unbekannte Ferne fort und eine Generation nach der andern sinkt in diesem Strom unter, um niemals wiederzukehren. Welchen lebendigen Antheil der Mensch nun auch in dem kurzen Zeitraum, der ihm auf der Erde zu leben und zu wirken vergönnt ist, an der Weltgeschichte nimmt, wie thätig und eifrig er wenigstens an seinem Ort in ihr mitwirkt, plötzlich wird er aus der Strömung hinausgerissen, vom fortrollenden Rade des Weltschicksals abgeschleudert und kommt nie mehr wieder. Dadurch nun werden wir erinnert, daß uns nicht ausschließlich der Raum und die Zeit, in der wir auf Erden leben, zu unserm Wirkungskreise angewiesen ist, sondern daß uns noch ein zweiter und ohne Zweifel noch wichtigerer zugewiesen ist. Zur plötzlichen Abreise gezwungen, können wir nicht mehr zweifeln, daß wir auf diesem Planeten nur zum Besuche waren und daß wir wo anders zu Hause sind. Ist auch bei denen, die sich hier glücklich fühlen, das Heimatsgefühl mehr an die irdische Scholle gebunden, so doch nicht bei den zahllosen Unglücklichen, deren Heimweh nach einer andern Welt ihr einziger Trost ist. Allerdings geht ein großer Zwiespalt durch die Menschheit in Bezug auf dieses Heimatsgefühl. Die einen wenden sich ausschließlich dem Gegenwärtigen innerhalb ihrer irdischen Wohnung zu. Andere sind durch ein tiefes Gefühl in der Seele oder durch abschreckende Schicksale im irdischen Leben veranlaßt, sich mehr als Fremdlinge auf Erden, ja als Verbannte aus einer bessern Welt, gleichsam als Flüchtlinge des Himmels zu betrachten.

In einer kleinen Schrift „Geist der Geschichte", die ich vor mehr als zwanzig Jahren herausgab, machte ich darauf aufmerksam, daß die Gestalt unserer Erde und ihr Verhältniß zur Sternenwelt jener Doppelseitigkeit der Menschheit entspricht. Die Menschheit hat nämlich vermöge ihrer Sinnlichkeit vorzugsweise einen Zug zum Aequator, vermöge ihrer Geistigkeit vorzugsweise zum Nordpol hin. Auf der Erdoberfläche selbst lagert sich mehr festes Land um den Nordpol, wie auch die nördliche Himmelsfläche reicher an Sternen ist. Das deutet auf einen Zug des Irdischen zu einer höhern und fernern Welt hin. Andererseits steht die Erde unter dem übermächtigen Einfluß der uns viel näheren Sonne, die mit ihren befruchtenden Strahlen das reichste Leben im Gürtel der Tropen rings um sie her weckt, ein Paradies der Thiere und der rohen Menschenracen, in denen die Sinnlichkeit überwiegt. Die edlern Menschenracen können hier nicht gedeihen, sondern nur in den kühlern, dem Nordpol zugewendeten Regionen, und von ihnen aus kämpft ein geistiges, edles, sittliches und religiöses Princip gegen das von Süden aus herrschende Princip des Materialismus und der Sinnlichkeit. Dieser Blick auf den Erdglobus ist nicht unwichtig für das Verständniß der Doppelseitigkeit des Menschen. Sein besseres Theil erscheint nicht im Besitz der Erdenmitte, der reichsten Erdenschätze, des irdischen Paradieses, sondern ist seitwärts gedrängt, der kältern und nächtlichen Zone, dem Nordpol zu. Damit ist aber angedeutet, daß die Menschheit grade in ihrem bessern Theile auf eine andere, höhere Heimat angewiesen ist, daß sie ihre wahre Bestimmung nicht hier, sondern erst anderswo erreichen kann.

Wir kommen nun auf die Klage zurück, die über so viel unverschuldetes Unglück auf Erden schon seit Jahrtausenden forttönt. Sie hat ihren Trost im religiösen Bewußtseyn einer ewigen Vergeltung und Sühne gefunden, ahnungsweise schon in den Mysterien der gebildeten Heiden, ehe noch die christliche Offenbarung deßhalb volle Sicherheit gewährte. Allein es ist dem Menschen nicht gegeben, sich in diese Sicherheit gleichsam einzubetten, und sich, selber unthätig, allein der himmlischen Gnade darzubieten. Wie schon vor der Menschwerdung Gottes edle Heiden gegen das Böse auf dieser Erde kämpften, so ist dieser Kampf auch den Christen nicht erspart. Der große spanische Dichter Calderon sagt einmal: „Man muß auch im Traume edel handeln." So thaten jene blinden Heiden, deren Augen noch nicht das Licht der Offenbarung geöffnet hatte, deren Seelen aber, wie im tiefen Schacht der Diamant, die Zukunft des Lichtes vorempfanden.

Wie sehr nun auch der Strom der Weltgeschichte, an unsern Planeten gebannt und eingeschlossen zwischen einem Anfang und Ende, völlig unabhängig erscheint von der höhern Bestimmung der Menschen, die er nur wie zufällig in einer kurzen Spanne Zeit mit seinen Wellen aufwirft und wieder untersinken macht, und wie wenig der einzelne Mensch, der aus den Wirbeln dieser Wellen herausgerissen, in einer andern Welt, in seiner wahren Heimat noch geneigt seyn mag, sich um das arge Treiben auf dieser Erde zu bekümmern, so besteht dennoch ein tiefer Zusammenhang zwischen der Weltgeschichte oder dem Schicksal der Menschen im Ganzen und der Bestimmung des Menschen im Einzelnen, durch die er aus dem irdischen Kreise hinaus und in einen höheren eintritt.

Das Bindeglied, die feste Kette ist das Sittengesetz, welches vollkommen gleiche Geltung hat für die Völker bis zum Schluß der Weltgeschichte, wie für den einzelnen Menschen im Verlaufe seines Lebens bis zu seinem Tode. Denn es sind keine andern sittlichen Motive in den großen Blättern der Geschichte zu lesen, wie im kleinen Tagebuch des unbedeutendsten Menschen. Was hier edel ist, ist es auch dort; was hier verdammlich, auch dort. Auf der gleichen Waage wird der Charakter ganzer Völker gewogen, wie der des geringsten Individuums. Und wie unabhängig auch die große Strömung der Weltgeschichte, als wäre sie nur von einer höhern Macht regiert, dem kurzen Leben des einzelnen schwachen Menschen vorüberrauscht, so ist sie dennoch die Summe alles Guten und Schlechten, was die einzelnen Menschen thun, und der in der Geschichte waltende Gott ist doch nur der nämliche, der dem Menschen die volle Freiheit gelassen, Gutes oder Böses zu thun.

## 4.
### Vom Eifer für den irdischen Beruf.

Die meisten Menschen haben hier auf Erden Arbeit und Sorgen für sich selbst und ihre Familie, viele auch ein Talent für Kunst, Wissenschaft, für technische Fächer, für Politik, dessen Ausübung sie beglückt, viele auch Ehrgeiz, den sie befriedigen wollen, andere Wohlwollen für ihre Mitmenschen, denen sie ihr ganzes Leben widmen. Das ist alles natürlich und der Eifer für den irdischen Beruf, wenn er den Mitmenschen nur nicht zum Nachtheil gereicht, ganz löblich. Er schließt jedoch den Hinblick auf das Jenseits, die Erinnerung an unsere Bestimmung für ein höheres Leben nicht aus. Man kann der fleißigste Bürger, der wärmste Patriot, der feurigste Held, der vielbeschäftigtste Staatsmann, der genialste Künstler seyn und braucht sich doch nicht so ganz in das Gegenwärtige zu versenken, um nicht auch des Berufes eingedenk zu seyn, der unserer nach dem Tode wartet.

Hierbei sind folgende Punkte besonders zu erwägen.

Einmal arbeitet und schafft der Mensch im irdischen Leben nicht blos für dieses, sondern auch für das künftige. Was er thut, um seine Mitmenschen zu unterstützen, zu veredeln, das Gute, Wahre und Schöne zu befördern, die Menschen für das Hohe und Heilige zu begeistern, das alles gereicht ihm nicht blos zum irdischen Ruhm, sondern auch zum Verdienst für die Ewigkeit. In sofern fällt die Scheidewand zwischen dem irdischen und ewigen Leben eigentlich hinweg. Wer auf Erden so handelt, daß er des Himmels werth ist, der lebt eigentlich schon im Himmel, wenn auch seine Füße noch auf Erden stehen.

Zweitens wird der Mensch von dem, was gut an ihm war, auch in der andern Welt nichts verlieren. Wer mit besonderer Liebe ein seltenes Kunsttalent übte und dasselbe zu Gottes Ehre und zur Veredelung der Menschen anwandte, fern davon, damit zum Bösen verführen und der Sünde schmeicheln zu wollen, der braucht auf dem Sterbebette nicht darüber zu klagen, daß er mit dem Leben auch seiner hohen Begabung entsagen müsse. Oder sollte der göttliche Sänger, aus dessen Tönen hier auf Erden der Himmel zu uns sprach, jenseits aufhören müssen zu singen? Man sagt von der Nachtigall, sie sey ein Flüchtling des Himmels und bringe Töne desselben auf die Erde herab. So glauben wir auch in der heiligen Musik der großen italienischen und deutschen Meister unmittelbar die Sprache des Himmels zu hören und drückt überhaupt die Musik die tiefsten Gefühle der Kinder Gottes aus, die nach der Wiedervereinigung mit dem Vater sich sehnen, das Heimweh nach dem Himmel. Aber auch die sichtbare Natur ist so reich an Schönheit, daß der Schöpfer, welcher die Seele mit so vieler Empfänglichkeit für alles Schöne schuf, ihr in der andern Welt ohne Zweifel noch Wunder der Schönheit zeigen wird, von denen wir hienieden noch keine Ahnung haben.

Wenn männliche Seelen ihre höchste Befriedigung nur im Kampfe fanden und ihnen die landläufige Vorstellung von einer höchst langweiligen trägen Ruhe in der andern Welt widerlich erscheint, so dürfen auch sie sich trösten, denn der in der Männer Herz den edlen Trieb gelegt, für Wahrheit, Recht, Unschuld und für das Heilige zu kämpfen, der wird in einer andern Welt die unsterbliche Seele nicht entmannen lassen.

Die Haupttugend des weiblichen Geschlechts ist Dulden.

Die nun hier auf Erden dulden, sind die am höchsten von Gott begnadeten. Auf dem schwarzen Hintergrunde der Leiden malt sich die Schönheit der Seele am lichtesten aus. In dem berühmten Liede: „Ob Lieben Leiden sey, ob Leiden Lieben sey?" ist das Geheimniß der im Irdischen leidenden, aber zum Himmel aufblickenden Seele am zartesten ausgedrückt. Im Leiden verbirgt sich eine Lust, welche süßer nicht gedacht werden kann und von der uns die Legende der heil. Lidwina das Wunderbarste berichtet. Es gibt eine Stärke der Seele, die den körperlichen Schmerz überwindet, ja die ihn freiwillig übernimmt und wie der Magnet nur nach mehr Last verlangt. In diesen starken Seelen offenbart sich die unsterbliche Freiheit schon mitten in den Banden der sterblichen Leiblichkeit. Noch im Leben befangen sind sie schon über dasselbe erhaben. Das alles aber könnte nicht seyn, wenn nicht Gott bei ihnen wäre. Ihre Erhebung ist nichts Einseitiges, Gott blickt von oben auf sie herab und die Kraft seines Blickes stählt sie wunderbar.

Seltener als diese Lust im Leiden ist der standhafte Muth unter Beleidigungen und Kränkungen aller Art, die edle Seelen auszustehen haben im Verkehr mit der immer wachsenden, immer aufdringlicheren Gemeinheit der Menschen. Körperlicher Schmerz ist leichter zu ertragen, als dieser moralische Ekel vor einer beständigen unvermeidlichen Befleckung. Man hat sogenannte Ebenbilder der Gottheit vor sich, die aber durch die Sünde verzerrt sind zu halbthierischen, halbteuflischen Physiognomien. Man soll sie anerkennen als Mitmenschen, man ist vielleicht gar von ihnen abhängig und kann sie nicht loswerden. Man wird von ihnen roh angepackt oder betrogen, übervortheilt, belogen und befindet sich vielleicht in einer äußern Lage, in der man sich nicht einmal wehren kann. Das sind die unleidlichsten Erfahrungen und Proben im irdischen Leben, wenn man die Gemeinheit nicht mitmacht. In solchen Lagen aber ist eine edle Seele berechtigt, bei aller äußern Demuth und Resignation sich in das Bewußtseyn der vornehmeren Natur zurückzuziehen. Die edle Seele hat ihre Heimat im Himmel, ihre Verwandtschaft unter den Engeln. Was kann ihr eine rohe Umgebung, brutale Zumuthung, alberne Unterhaltung, die Affenschande der Mode anhaben, wenn sie sich rein und frei hält vom Mitmachen der Narrheit und Gemeinheit? Wenngleich gefangen und resignirt, darf sie doch wie Christus mit gebundenen Händen vor seinen unbefugten Richtern und vor dem höhnisch ihn umgrinsenden Pöbel ruhig die Augen niedersenken, als wäre sie fern von hier in schöner Einsamkeit „und sähe in den Abfall einer Quelle."

Wie Leiden ein Segen ist, so bringt allzu großes Glück und zu großer Reichthum der Seele Gefahr. Die nach dem Glück jagen und ihm Redlichkeit und Treue opfern, oder die im Glück aufgewachsen, ihr Leben nur in sinnlichen Genüssen zubringen und dabei alle wahre Freude und Erhebung der Seele entbehren, würden, wenn sie Gott vor Augen hätten und nur einmal ihre eigene Vernunft frügen, begreifen, wie sie sich an den darbenden Mitmenschen versündigen und sich selber in ewiges Verderben schlemmen und faullenzen, denn wie schon Lukian den Reichen schadenfroh vormalt, der rauhe Charon wird ihnen nicht erlauben, ihren Mammon mit in die andere Welt zu nehmen, und sie nackt und blos in seinen Kahn werfen, um sie zur ewigen Verdammniß zu steuern, in welcher sie, wie das Evangelium sagt, nach dem Tropfen lechzen werden, den der barmherzige Arme aus dem Himmelreich auf sie niederfallen läßt.

5.
## Hieroglyphen der Weltgeschichte.

Wenn Bewohner anderer Sterne aus himmelweiter Ferne unsere Erde mit ihrer Weltgeschichte sich vorüberdrehen sehen könnten, wie ein Buch, dessen Seiten umgeschlagen werden, würden ihnen gewisse Zeichen besonders auffallen, in welche das inhaltschwere Schicksal der Menschheit wie in Hieroglyphen ausgesprochen ist.

Die erste dieser Hieroglyphen ist der von der Schlange umwundene Apfelbaum im Paradiese und die zweite ist der Thurm zu Babel. Beide stehen mit einander in Verbindung, denn sie kennzeichnen in der frühesten Geschichte der Menschheit schon den Mißbrauch des freien Willens. Der Apfel und die Schlange bedeuten die erste Sünde, die aus dem Gelüsten nach Verbotenem hervorgeht, der Thurm aber bedeutet die zweite Sünde, die aus der vermeinten Eigenmacht des Menschen und aus dem kühnen Trotze gegen Gott hervorgeht. Das waren die Ursünden des Menschengeschlechts und sind es heute noch, Gelüsten nach dem, was Gottes Gebot ausdrücklich verbietet und was auch die Stimme der Vernunft, das warnende Gewissen, das Erröthen der Scham jedem natürlichen Menschen als unwürdig, als unehrenhaft, als schlecht kennzeichnet; und Trotz gegen Gott, Uebermuth im Bewußtseyn eigener Stärke und der Mitwirkung so vieler anderer Menschen. Diese Sünden sind so tief bei denen gewurzelt, die sich nicht besinnen, wozu ihnen der freie Wille gegeben ist, daß sie sich immer und immer wieder im Privatleben, wie in der Geschichte der Völker wiederholt haben. Gegen das Gelüsten und gegen die Hoffahrt haben noch alle schlimmen Erfahrungen nichts gefruchtet, und die Menschen haben heute noch nicht begriffen, daß ihnen ihre Sünden nur immer selber zum Schaden und Verderben gereichen. Die Folge der ersten Sünde war der Verlust des Paradieses. Die ersten Menschen hatten alles, was sie bedurften, aber sie gelüsteten nach mehr, und darum verloren sie auch das, was sie gehabt; woraus ihre Nachkommen erkennen sollen, daß auch sie alles, was ihnen Gottes reiche Natur, obgleich sie kein Paradies mehr ist, auch jetzt immer noch bietet, verlieren werden, wenn sie nach mehr und nach Verbotenem gelüsten. Niemand weiß, ob es nicht Gott gefällt, die Optimisten, die aus eigenen Mitteln, mit blos menschlichen Kräften, das Paradies auf Erden wieder aufbauen wollen, durch Erdbeben und andere Naturschrecken zu enttäuschen und anstatt des Paradieses das todte Meer finden zu lassen. Jedenfalls werden sie zur Strafe ihres Gelüsten dort, wohin sie nach dem Tode kommen werden, weniger finden, als sie hier auf der Erde fanden, und es wird ihnen dünken, sie hätten mit dem Erdenleben soviel verloren, als Adam und Eva mit dem Paradiese.

Die zweite Sünde wurde nicht minder schwer heimgesucht an den Stolzen, welche sie begingen. Anstatt mit vereinigten Kräften den Thurmbau zu Stande zu bringen, richtete jeglicher seinen Willen wo anders hin, gingen sie alle auseinander und zerstreuten sich in kleinen Gruppen, indem sie einander gar nicht mehr verstanden, nichts mehr von einander wissen wollten, einander flohen. Die Sünde des Hochmuths und des Trotzes auf Eigenmacht wurzelt immer noch tief in den Menschen, und die gleiche Ursache hat immer wieder die gleiche Wirkung. Grade in unserer Zeit hat sich der menschliche Trotz wieder höher gesteigert, als seit Jahrhunderten. Immer wieder wollen sie mit vereinten

Kräften ein Ideal des Staats und der Gesellschaft verwirklichen, welches den christlichen Staat, den längst verrotteten, weit übertreffen soll. Aber sie werden nicht einig; jeder beweist dem andern sonnenklar, was er will, aber keiner versteht, keiner hört den andern. Selbst die in gleichem Irrthum befangenen Gesinnungsgenossen laufen einander den Rang ab und verlegen einander den Weg. Die sich große Baumeister der Zukunft dünken, bringen nichts zu Stande als auf dem Papier und in einem hirnverwirrenden Durcheinander von Reden, bis die Völker sich mit ihnen im Wirbel drehen und dann allemal der schwarze Mann kommt, der sie wie böse Buben züchtigt und die Ruhe auf eine Zeitlang wieder herstellt.

Beide erste Sünden wirkten in der ältern Geschichte des Menschengeschlechts fort, und was auch immer an Tugend und Weisheit sich emporrang, um die Menschen zu bessern, das böse Gelüsten, die Wollust, der Heißhunger nach verbotenem, unsittlichem Genuß auf der einen, der Trotz, die rücksichtslose Gewaltthätigkeit auf der andern Seite erstickten alle edleren Bestrebungen immer wieder im Koth der Corruption oder im Blute des Krieges und der Tyrannei. Der trotzige Krieger aber fiel nach dem Siege im Genuß seiner reichen Beute derselben Wollust anheim, welche die Besiegten so sehr geschwächt und entnervt hatte, daß sie sich gegen den Stärkern nicht mehr wehren konnten. Daher die dritte Hieroglyphe der Weltgeschichte, das über den Völkerströmen thronende Weib, bedeutend die weibisch gewordene, durch und durch entehrte und sich ihrer Entehrung rühmende Menschheit, die babylonische Hure. Vergebens mahnten die Propheten des jüdischen Volkes, vergebens waffneten sich die Perser und zündeten ihr heiliges Feuer an, um alle Götzen der Sünde mit ihren Tempeln zu verbrennen; vergebens redeten die Weisen Griechenlands von Vernunft und Menschenwürde. Auch die edleren Völker versanken in dem allgemeinen Schlamm der Sünde.

Also wurde erfüllt, was die Schrift sagt, die von Gott gut geschaffene Erde wurde erst durch die Menschen verderbt, aber nur zu ihrem eigenen Verderben. Offenbarung Johannis 11, 18.

Da erbarmte sich die ewige Liebe der tief gesunkenen Menschheit und Gott sandte seinen eingebornen Sohn zu seinen andern unglücklichen Kindern auf die Erde nieder, um das fast erloschene Bild der Gottähnlichkeit in ihnen wieder aufzufrischen, sie als Brüder zu belehren, ihre befleckten Seelen zu reinigen. Und um ihre Schuld zu sühnen, mußte sich der sündenlose Gottessohn zum Opfer darbringen für seine Brüder. Das ist die Bedeutung des Kreuzes, der heiligen Hieroglyphe der Weltgeschichte. Das Kreuz, an welchem der Sohn Gottes verblutet, ist das Gegenbild zum von der Schlange umwundenen Apfelbaum im verlornen Paradiese. Dort begann die Sünde, hier die Erlösung.

Auch der babylonische Thurm hat sein Gegenbild erhalten im Aufbau der christlichen Kirche. Wie aus jenem Thurme, infolge der Hoffahrtssünde und des menschlichen Trotzes gegen Gott, die Menschheit excentrisch auseinander ging und das Bewußtseyn ihres Zusammenhanges mit Gott verlor, so sollte die Kirche diese Menschheit wieder zurückführen zur Einigkeit und zum Bewußtseyn ihres Zusammenhanges mit Gott. Die deutsche Baukunst des Mittelalters drückte diesen Gedanken in ihrer Steinschrift aus. Jedes in seiner Art selbständig und doch harmonisch verbinden sich alle Glieder des wunderbaren Baues zum einheitlichen Ganzen und führen pyramidalisch die Menschheit, gleichsam die Erde selbst dem Himmel entgegen.

Tief war die sündige Menschheit von der Erscheinung des Sohnes Gottes ergriffen, und der mächtige Eindruck, den er zurückließ, hielt lange nach. Allein Gott hatte wie bei der Schöpfung des Menschen, so auch wieder bei der Sendung seines Sohnes nur die freiwillige Hingabe der Menschen an sein Gesetz und an seine Gnade gefordert, niemals aber sie hintern wollen, sich anders zu entscheiden. Denn der freie Wille, den er ihnen bei der Schöpfung zuerkannt, war und blieb ihr unantastbares Eigenthum, welches auch durch das äußerste Maaß von Mißbrauch nicht verwirkt werden konnte. Und so geschah es, daß die Menschen auch nach der Erscheinung des Messias und nach der Stiftung seiner Kirche dennoch wieder in das alte Gelüsten und in den alten Trotz zurückfielen. Wir haben im Verlauf unserer Erörterungen den Verfall der Kirche, die Desorganisation der christlichen Gesellschaft uns zur Anschauung gebracht. Gerade jetzt stehen wir an einem verhängnißvollen Wendepunkt. Wird es noch möglich seyn, die Menschheit aus der zunehmenden Verwilderung zurückzureißen, sie zur Besinnung zu bringen, sie wieder mit christlichem Geist zu erfüllen, das Ebenbild Gottes in ihr zu erneuern, ihren Willen von der Sinnlichkeit und Hoffahrt wieder dem Edlen, Würdigen und Heiligen zuzuwenden?

Alles kommt auf die Lösung der **christlichen** und der **socialen Frage** an.

Das Christenthum ist nicht mehr in seiner Glanzperiode. Einst ein herrlicher Baum, der ganz Europa überschattete und über alle Welttheile sich ausbreiten zu wollen schien, ist es jetzt in seinem äußeren Wachsthum gehemmt und innerlich kernfaul geworden. Die einige allgemeine Kirche kam niemals zu Stande. Doch in der aufsteigenden Bewegung der Christenheit blühete auf einer Seite immer wieder alles frisch und kräftig empor, wenn auch die andere Seite welkte. So wurde durch die römische Kirche reichlich ersetzt, was der griechischen abging. Als endlich beide Kirchen wieder vereinigt werden sollten, endeten die Verhandlungen darüber mit Fixirung ihrer Trennung und Feindschaft für alle Zeiten. Es war im Jahre 1439, vierzehn Jahre vor der Eroberung Constantinopels durch die Türken. Eigentliche Todesnoth trieb die griechischen Christen in die Arme der römischen, und doch zogen sie die Trennung und die Unterjochung unter die Sultane, den stummen Gehorsam unter dem Czaaren vor. Das Florentinische Concilium lieferte den traurigen Beweis, daß, wo die Gemeinde ohne den Geist Christi tagt und sich nur von politischen Rücksichten und Vortheilen bestimmen läßt, sie kein einiges Werk zu Stande bringt, sondern nur die Zwietracht steigert, wie beim Thurmbau zu Babel. Das Nämliche wiederholte sich auf dem Concilium zu Trident. Anstatt daß durch dasselbe eine Wiedervereinigung des reformirten Nordens mit dem katholisch gebliebenen Süden erzielt worden wäre, wurde die Kluft zwischen beiden nur noch tiefer aufgerissen und der Haß verewigt.

Das ökumenische Concil von 1869 soll zunächst die unbotmäßigen Katholiken des europäischen Südens dem Papstthum wieder fügsam und unterthänig machen und hofft sogar, die päpstliche Autorität auch den Protestanten des Nordens wieder annehmlich zu machen. Aber heute sind die Umstände noch ungünstiger, als sie es zur Zeit der Florentiner und Tridenter Kirchenversammlungen waren, und das Ergebniß wird wieder nur das des Thurmbaues zu

Babel, nämlich statt der Wiedervereinigung ein desto trotzigeres Auseinandergehen seyn. Das Programm vom 13. September fordert die Protestanten zur Rückkehr in die alte Kirche auf, ohne ihnen die geringste Concession zu machen. Was soll dabei herauskommen? Hat die gegenwärtige Zeit noch nicht so viel Sinn für Wahrheit, um aufzugeben, was doch für die Folgezeit unhaltbar ist, so wird sie die Gemüther nicht versöhnen und der Kampf wird fortdauern und sie nur noch mehr verbittern. Nichts läge näher und wäre vernünftiger als ein endlicher Ausgleich unter den wahrhaft frommen Christen katholischer und evangelischer Confession. Aber den Vorurtheilen und politischen Rücksichten gegenüber ist die Hoffnungslosigkeit so groß, daß man es noch nicht einmal gewagt hat, eine Basis für die Friedenspräliminarien zu suchen und die Punkte klar zu bezeichnen, die von dieser und von jener Seite nothwendig aufgegeben werden müssen, wenn Friede werden soll. Das Festhalten an allen alten Ansprüchen, ja an offenbaren Ungerechtigkeiten gegen die Gegenpartei und an manchem, was sogar unvernünftig an sich ist, kann die Christenheit nicht stärken, sondern unter dem Hohnlachen der Heiden und Juden nur immer tiefer ins Verderben führen. Bei so geringem Triebe der Christen, sich aneinander zu schließen, müssen sie zuletzt unterliegen. Der erste Sturm, der wieder wie im Jahre 1793 losbrechen kann, wird die Mehrheit derer, die sich jetzt noch Christen nennen, feig finden.

Würde das sociale Bedürfniß zugleich als das christliche aufgefaßt, so würde die Menschheit sich auf dem rechten Wege befinden und beide würden zu einer befriedigenden Lösung gelangen. Aber der rechte Weg ist längst verfehlt. Die Socialisten haben sich in ungeheurer Mehrheit von den Altären fern gehalten und sind in das tiefste Fahrwasser der antichristlichen Strömung hineingerathen. In Frankreich, in der Schweiz, in Deutschland haben sie die Parole ausgegeben: Ehe man dem Christenthum nicht den Garaus macht, kann die Gesellschaft nicht gerettet werden.

Im weiten Rußland ist die Kirche unerschüttert geblieben, aber im Dienst der Staatsgewalt muß sie alles dem Kaiser geben und hat keine Freiheit, auch Gott zu geben, was Gottes ist. Sie hat keine Wahl, zwischen beiden einen Unterschied zu machen. Dennoch könnte die Christenheit im Westen in solche Nothstände kommen, daß sie lieber nach Sibirien verbannt seyn möchte, als auf den zertrümmerten Altären der demokratischen Freiheit zum Opfer geschlachtet zu werden. Aber die Russen, selbst wenn sie einmal als Retter aus der Anarchie des Westens erscheinen könnten, sind doch nicht geeignet, die Menschheit zu verjüngen und ihren sittlichen Adel wieder herzustellen, wie es einst die Germanen in der Völkerwanderung vermocht haben. Slaven fehlt der germanische Nerv.

Auf die Deutschen in der Mitte Europas ließe sich noch immer einige Hoffnung gründen. Trotz ihrer staatlichen und confessionellen Spaltung, trotz ihres liberalen Schwindels haben sie noch mehr Kraft bewahrt, als ihre romanischen und slavischen Nachbarn. Mit jedem deutschen Kinde wird in der Regel wieder ein gesunder und für Wahrheit, rechten Gebrauch der Vernunft, Scham und Ehrenhaftigkeit empfänglicher Mensch geboren. Würde man ihn besser anleiten, oder würde er durch ein Nationalunglück zu einer außerordentlichen Kraftanstrengung begeistert wie 1813, so ließe sich noch Großes von ihm erwarten. Auch die Lage Deutschlands in der Mitte Europas ist eine günstige. Wenn das so schön begonnene Werk der Wiedervereinigung der deut=

schen Stämme zu einem großen und einigen Reich unter dem begabten und seiner Aufgabe gewachsenen Hause Zollern vollendet werden kann und nicht durch die Unvernunft des Particularismus und durch verrätherische Verbindung mit dem Ausland gestört wird, so ließe sich denken, daß hier ein Grund gelegt würde zu einem soliden und dauernden Bau, in welchem wie in einem gothischen Dome selbständige Glieder doch wieder harmonisch dem Ganzen sich fügten. Aus der Einheit der Deutschen würde zunächst die Sehnsucht auch nach kirchlicher Einheit hervorwachsen und man würde mit Ernst auch dieses Werk angreifen und durchzuführen suchen. Wäre durch das deutsche Reich Europa wieder in seiner Mitte consolidirt, so würden sich ihm auch die Stammverwandten in Scandinavien und England, ja selbst in Frankreich in dem Maaße ankristallisiren, wie sie bedroht seyn würden von den Großmächten der Zukunft in Asien und Amerika. Alle gebildeten und das Christenthum in seiner edelsten Form conservirenden Europäer würden sich solidarisch verbunden erachten und durch ihr Zusammenhalten stark genug werden, die Unabhängigkeit und den alten Ruhm des Welttheils zu bewahren.

Sollte aber die kirchliche und sociale Reconstruction Europas aus Mangel an sittlichem Ernste nicht mehr möglich seyn, vermöchten die nächstfolgenden Generationen den großen Gedanken der Wiedergeburt nicht zu fassen, sondern würden sie sich fort und fort in kleinlicher Zwietracht, dynastischer Eifersucht, in immer neuen, nichtswürdigen Kriegen um das sog. europäische Gleichgewicht und in immer wachsender Irreligiosität, Unsittlichkeit und Entnervung abschwächen, dann wird unfehlbar die ungeheure Welle der socialen Revolution über sie daherrauschen.

## 6.
## Das rothe Gespenst.

Wir sind bei einer Hieroglyphe der neueren Geschichte angelangt.

In der Schreckenszeit des französischen Convents wurde die Revolution auf ihrer Höhe durch einen genialen Zeichner in England (in der illustrirten Zeitung London und Paris) als rasend gewordener Tod, als ein alles niedermähendes blutrothes Gerippe aufgefaßt. Das ist das rothe Gespenst, welches schon wieder seit einigen Jahrzehnten aus dem Dunkel der Zukunft lauernd hervorblickt, wie Samiel im Freischützen.

Und es ist kein Kinderschrecken, der sich in Lachen auflöst. Was vor achtzig Jahren möglich gewesen ist, kann auch wiederkommen. Ja, unser Jahrhundert ist von den destructiven Tendenzen noch tiefer unterwühlt, als es das vorige war. Vor der französischen Revolution war das Christenthum noch nicht in so ausgedehntem Maaße seiner Autorität beraubt wie jetzt, und auch die politische s. g. Fortschrittspartei war im Anfang jener Revolution nicht so vorbereitet und gut organisirt, als sie es heute ist. Die Throne wanken. Wir zählen schon zwanzig gekrönte Häupter, die depossedirt sind und noch leben. Das letzte Beispiel, welches die Vertreibung der bourbonischen Familie aus Spanien gab, war das lehrreichste. Der Mißbrauch der Legitimität war zu arg und dauerte zu lange. Das Maaß war voll. Ein Königsgeschlecht, das nicht einen einzigen großen oder guten Fürsten hervorgebracht, wie das der spanischen Bourbons, war überreif zum Untergang. Kronen von Gottes Gnaden, wie sie der fromme Volksglaube noch mit einem Heiligenscheine umgibt, sollen nicht mehr Sünder und Sünderinnen zieren die, unter dem Schutz der ihnen zugestandenen unverletzlichen Würde, unwürdig dahinlebten und die gemeinste Scham verletzten. In diesem Ereigniß liegt eine unschätzbare Lehre, und Warnung für alle lüderlichen Prinzen, die da wähnen, nichts lernen und sich in keiner Tugend üben zu dürfen, weil sie ja doch schon im unverlierbaren Besitz der höchsten Würde seyen. Alle republikanischen Parteien in Europa müssen durch diesen Vorgang ermuthigt werden, und obgleich in ihnen selbst Keime des tiefsten Völkerverderbens schlummern, erscheint doch die in Spanien jetzt auf der Lichtseite, die prostituirte Monarchie auf der Schattenseite. Die Republik hat mehr Zukunft, als man ihr bisheran zugestehen wollte. Aber die Erfahrung hat gelehrt, daß ihre Laster wie in einer Treibhaushitze wachsen, während die der Monarchie längere Zeit brauchen. Die Gewalt, mit der sie alle Hindernisse niederbricht, und der Freiheitstaumel, der sich des republikanischen Pöbels jedesmal bemächtigt und die feigen Philister nach sich reißt, geben den neuen Republiken etwas Schreckliches, etwas vom Schlangenschütteln am Medusenhaupt. Sahen wir nicht die Monarchien starr vor Schrecken, als die Februarrevolution in Paris nur auf kurze Zeit das rothe Gespenst wieder am westlichen Horizont emporsteigen ließ?

Damals wurden sehnsüchtige Blicke nach Rußland geworfen und der russische Kaiser wirklich in den Stand gesetzt, indem ihn der österreichische um Hülfe anflehte, sich Ungarn zu Füßen legen zu lassen. Wenn die Revolution noch einmal Europa überzieht — und warum sollte sie nicht? — wird der Schrecken noch größer seyn. Es wird dann mehr Blut vergossen werden. Die so oft geschlagene und verspottete Demokratie wird sich rächen. Die armen Arbeiter, denen niemand helfen wollte, werden sich selber helfen. Man wird schonungslos aufräumen, wie nach dem Tode Ludwigs XVI. in Frankreich. Als damals Prinzen und Prinzessinnen, Bischöfe, Grafen und Herrn, die vornehmsten Damen, Minister, Parlamentsglieder unter der Guillotine bluteten, sah man in London ein Bild, welches den schlafenden König von England darstellte, rings umgeben von den vornehmen Herren und Damen Frankreichs, die alle ohne Kopf mit blutendem Halse vor ihm knieten und ihn stumm um Hülfe anzuflehen schienen. Solche nächtliche Träume warten vielleicht auch auf den Czaaren.

Die Weltgeschichte übereilt sich nicht und die Revolution braucht auch noch Zeit, um erst noch besser vorbereitet zu werden. Es muß erst noch mehr im Kleinen mit republikanischen Versuchen experimentirt werden, wie jetzt in Spanien. Das Nivellement der Stände muß noch fortschreiten. Aus deutschen Bürgern und Bauern müssen immer mehr Yankees und Rowdies werden. Die Arbeiterfrage muß sich erst noch mehr erhitzen, die in England begonnene Organisation der geheimen Arbeitergesellschaften sich vollenden. Dann muß auch erst die Stunde der Staatsbankerotte schlagen.

Metternich sagte bekanntlich: „Après nous le déluge." Eine doppelt merkwürdige Rede, einmal, weil der berühmte Staatsmann eine schreckliche Zukunft vorher sah, und zweitens, weil er nichts gethan hat, um ihr vorzubeugen. Ein lüderlicher Lebemann, that er sich gütlich und verschlemmte das ihm anvertraute Erbe in der Ueberzeugung, so lange er lebe, breche der Tag der Rache nicht an; wenn er einmal todt sey, könne die Welt immerhin zu Grunde gehen, das sey ihm dann gleichgültig. So schwarz in die Zukunft zu sehen und doch so fahrlässig und lustig fortzuregieren, war nur einem Metternich möglich. Eine gleichzeitige und noch größere Autorität für den Glauben, daß Europa noch schwere Verhängnisse bevorstehen, war Napoleon, welcher prophezeite, Europa werde republikanisch oder kosackisch werden. Ein klarer welthistorischer Blick ist darin nicht zu verkennen. Napoleon faßte den großen Gegensatz zwischen der westlichen und östlichen Erdhälfte überhaupt auf. Wie Asien das stabile Princip oder den Absolutismus, so vertritt Amerika das mobile Princip und die Republik. Beide begegnen sich auf dem europäischen Kampfplatz.

Nun ist aber der Absolutismus trotz Rußlands Umsichgreifen doch nur die träge Materie, die Republik aber Bewegung, und diese letztere hat von Westen her immer mehr Terrain gewonnen und der Absolutismus ist Schritt vor Schritt nach Osten zurückgewichen. Der Beweis liegt im Vorbringen des Verfassungswesens. Hier vertreten die Parlamente den republikanischen Factor und wie äußerlich die constitutionellen Verfassungen von den Cortes von Cadix an bis zur russischen Grenze fortgerückt sind, so wurden auch innerhalb der constitutionellen Monarchien die Parlamente immer mächtiger, zwangen die Dynastien nach ihrem Willen und haben schon mehr als eine gestürzt. Rußland selbst hat, man möchte sagen unwillkürlich, dem Impulse von Westen her nachgegeben, indem es eine Sclavenbevölkerung von 30 Millionen, die ohne Murren ihr Loos ertrug und sich bei ihrer patriarchalischen Gütergemeinschaft wohlbefand, plötzlich frei machte, so daß sie nach dem natürlichen Laufe der Dinge früher oder später grade solche Staatsbürger und Wähler werden müssen, wie die Völker des Westens.

Diese Wechsel, welche das früher Stabile mobil, den

festen Boden flüssig machen und in Dampf auflösen, charakterisiren den Zeitgeist, wie wir das schon in unserer Betrachtung der Volkswirthschaft, des Flüssigwerdens alles festen Besitzes erkannt haben, und wie es auch der außerordentliche Wechsel, das ewige Aendern und Erneuern der Verfassungsurkunden und Gesetze durch die Beschlüsse der immerwährend wechselnden parlamentarischen Mehrheiten beurkundet.

Jede Reaction, die der flüssigen und flüchtigen Strömung wieder einen festen Damm entgegensetzen wollte, ist gescheitert. Wir haben erkannt, daß es hauptsächlich die Renaissance gewesen ist, durch deren Heranwogen der theokratische Bau des christlich germanischen Mittelalters erschüttert und in Trümmer gelegt worden ist. Zwei Dynastien bemeisterten sich damals der Situation und suchten auf neuer Grundlage die absolute weltliche Monarchie des altrömischen Kaiserthums herzustellen. Die christliche Kirche wurde von ihnen zwar noch anerkannt, aber zum Werkzeug ihrer dynastischen Politik erniedrigt, wobei sie sich beide des Jesuitenordens bedienten, welcher keine andere Aufgabe hatte, als durch die unterwürfigste Dienstfertigkeit gegen die großen katholischen Höfe dem Papstthum sein Scheinleben zu fristen. Zugleich verstanden es diese Jesuiten, die mit wahrer christlicher Gesinnung absolut unvereinbare Renaissance mit dem von der weltlichen Macht noch geduldeten und privilegirten Scheinchristenthum in Geist und Geschmack auf das innigste zu verschmelzen. Jene beiden Dynastien waren die von Valois-Bourbon und von Habsburg. Beide absolutistisch durch und durch, Zerstörer aller germanischen Gliederungen, Stände, Volksrechte und Volksfreiheiten, Unterdrücker aller Nationen, die in ihren Bereich kamen, ganz so, wie im altrömischen Kaiserreich. Aber wie mächtig auch diese Herrscherfamilien waren, weder die von ihnen gehätschelte Renaissance, noch das von ihnen zum Eunuchendienst erniedrigte Christenthum konnte sie auf die Dauer stützen. Die ungeheure Corruption am französischen Hofe machte den imperatorischen Charakter der heidnischen Renaissance verhaßt und verächtlich und rief den republikanischen Charakter derselben Renaissance, den Geist des ältern römischen Freiheitsstaats und der griechischen Freistaaten in die Waffen, und die christliche Kirche konnte der Monarchie, von der sie so lange geschändet worden war, keine Hülfe mehr bringen. Eine Zeit lang schwankten die Bourbons noch, vom Ausland geschützt, auf wieder zusammengeflickten Thronen, taumelten aber unrettbar wieder herunter. Jetzt sind sie alle thronlos, alle vertrieben.

Das Haus Habsburg klammert sich noch an seinen schönen alten Thron fest, aber mit den Mitteln, die ihm die Revolution in die Hand gibt. Der kirchenfeindliche Liberalismus soll den jetzt schützen, der einst die Kirche schützte. Dasselbe Beil, mit welchem die Kirchenthore in Spanien eingeschlagen werden, wird jetzt dem erlauchten Erben der deutschen Kaiserkrone aufgedrungen. Wo bleibt denn der arme Oberhirt der Christenheit, wenn man ihm die Verträge zerrissen vor die Füße wirft? Sein Wort muß gelten bis in den letzten Winkel der katholischen Welt hinein, oder er kann nicht mehr Oberhirt der Kirche genannt werden. Noch ist ihm Rom geblieben, und doch kann man nicht sagen, es seyen Römer, die ihn hier beschützen.

Die großen Reactionen, die im Hause Habsburg zur Zeit Philipps II. und Ferdinands II. und im Hause Bourbon zur Zeit Ludwigs XIV. culminirten, lassen sich nicht mehr wiederholen. So oft sie versucht wurden, nach Napoleons Sturz, unter Ferdinand VII., unter Karl X., unter

Ferdinand IV. von Neapel, sind sie mißlungen. Wie ätzendes Scheidewasser hat der Zeitgeist mit der kirchlichen zugleich die monarchische und aristokratische Autorität, wenn sie noch so fest zu stehen schien, aufgeweicht und zerfressen.

Die Nationalitäten sind in neuerer Zeit, hauptsächlich durch die Klugheit Napoleons III., als dasjenige Princip empfohlen worden, was die Menschen in Begeisterung versetzen und die ausschließliche Schwärmerei für die Freiheit ein wenig in den Hintergrund drängen könnte. Aber mit geringem Erfolge. Weder in Mexiko, noch auf der pyrenäischen Halbinsel, noch in Rumänien ist es ihm gelungen, die Bevölkerungen für eine Solidarität des Romanismus zu gewinnen. In Italien gelang es besser, aber auch hier diente die Nationalitätenfrage der Fortschrittspartei nur zum Vorwande, um die politische Freiheit zu erobern. Die allgemeine Freiheitsschwärmerei hat die Massen in ganz Europa ergriffen, und neben ihr kann sich innerhalb der einzelnen Nationen die patriotische Ausschließlichkeit nicht mehr, oder doch nur schwach geltend machen. Die Freiheitsschwärmerei nivellirt alle Racen und Nationen. Die edle germanische und romanische Race, früher stolz auf sich selbst und jede Vermischung oder auch nur Gleichberechtigung mit niedern und fremden Racen vermeidend, hat sich jetzt in Europa mit den Juden, die wenigstens weiß sind, in Amerika sogar mit den schwarzen Negern gemischt und denselben die gleichen Rechte zugestanden, die bisher ihr Monopol waren. Dieses Nivellement hat erst begonnen. Wenn es sich binnen einem Jahrhundert durchführen läßt, so bekommen wir einen Mischmasch der Bevölkerung, der ohne Zweifel auch den alten ausgeprägten Charakter der Nationen verwischen wird. Und schwerlich zu ihrem Vortheil. Wenigstens sagt man von den Mulatten, in ihnen vereinigen sich nur die Laster der weißen und schwarzen Race, die Tugenden aber gehen verloren.

Die schwarze Race wird gewiß der Menschheit noch viele Sorge machen. War ihre Mißhandlung in der Sclaverei verwerflich, inhuman und unchristlich, so ist doch ihr Loos nicht verbessert worden durch politische Freiheit und Wahlrechte. Sie werden auf dem Festland von Amerika wie auf Haÿti und Jamaika verwildern. Denn sie wissen sich nicht zu helfen. Es sind Kinder, die eines Vormunds bedürfen, für die man väterlich sorgen und die man, ohne grausam gegen sie zu seyn, doch in Zucht halten sollte. Die politischen Rechte, mit denen man sie beschenkt hat, werden ihnen zum Verderben gereichen.

Wenn man als einzige Rechtsquelle Mehrheitsbeschlüsse der Volksvertreter oder des Volks übrig läßt, das Volk aber doppelt corrumpirt, physisch durch das Fabrikshstem, künstliche Massenarmuth und zuletzt noch durch unebenbürtige Racenvermischung, psychisch durch systematische Entchristlichung und Demoralisirung, so wird es immer weniger möglich werden, noch irgend eine Autorität ausfindig zu machen, um der allgemeinen Verwilderung nur einigermaßen noch eine Grenze zu ziehen. Nun wird man wohl auf den Trümmern der Kirche irgend etwas neues Tempelartiges zu bauen versuchen. Man hat da einen Vorgang an den Logen, die schon von Anfang an auf das Nivellement aller Nationen, Confessionen, Stände ꝛc. berechnet waren. Man findet in den Logen-Feierlichkeiten, ein Ceremoniell, Symbole, Mysterien. Das reizt auch den Ungläubigen. Darin bleiben auch die allerverständigsten Leute immer Kinder. Die in der katholischen und griechischen Kirche an der Messe, am Niederknien, am Altardienst, an den Bildern, an Lichtern und Weihrauch ꝛc. Aergerniß nehmen, laufen doch ganz andächtig mit der blauen Schürze, mit dem geheimnißvollen Winkelmaaß ꝛc. herum, klopfen auf verschiedene Art mit den Fingern, schließen die Kette ꝛc. Die französische Revolution liefert den Beweis, daß man das Christenthum nicht abschaffen kann, ohne sich nach einem Surrogat des feierlichen Ernstes und des mysteriösen Ceremoniells umzusehen. Wäre es auch noch so ärmlich und komödienhaft, wie in Mozarts Zauberflöte, man wird doch feierlich gestimmt und bildet sich ein, über das Gemeine erhaben zu seyn.

In der aufsteigenden Bewegung der Weltgeschichte warteten die Juden immer auf den Messias, und als er kam, wollten sie nichts von ihm wissen, und die unter ihnen, welche überhaupt noch etwas glauben, glauben immer noch, er sey noch nicht dagewesen, und warten noch auf ihn. In der absteigenden Bewegung vom Christenthum niederwärts wiederholen die Freimaurer den alten Wahn in neuer Fassung. Sie erwarten nämlich als Maurer, die am Bau der Menschheit arbeiten, den verloren gegangenen Meister, der einst wieder aufleben soll, um den Bau zu vollenden, und über dessen Sarg sie daher, wenn sie zum Meistergrade gelangen, den Dreischritt zu machen pflegen. Was in ihrem Treiben Wohlwollendes liegt, was Humanitätseifer und sogar Opferfähigkeit für die Mitmenschen ist, muß man achten; aber um den Mitmenschen in dieser Weise zu dienen, braucht es kein Geheimniß, noch einer andern Doctrin, als der christlichen. Die Maurerei gemahnt uns wie ein verschämter babylonischer Thurmbau. Die Anmaßung, den Bau der Menschheit ohne Gott zu vollenden, ist die nämliche, wie die der babylonischen Thurmbauer. Das Geheimniß hat freilich darin seinen Grund, daß die Loge sich der öffentlichen Kritik nicht aussetzen will. Die Erfahrung, die man damit in Frankreich gemacht hat, war belehrend genug. Als man in der Revolution das Christenthum abgeschafft hatte, fühlte man das Bedürfniß, es durch irgend einen neuen den damals herrschenden Ideen angemessenen Cultus zu ersetzen. Die Menschen können einmal die Aeußerlichkeiten nicht entbehren und müssen immer etwas zum Anbeten haben. So wurde damals der Natur= und Vernunftcultus der Schreckenszeit in den Theophilanthropismus der Thermidorpartei umgewandelt, der hauptsächlich vom Cultus der Logen entlehnt war. Anfangs war die Neugierde der Pariser durch das neue Schauspiel angeregt, bald aber langweilten sie sich an dem falschen Pathos der Moralpredigten und an den sentimentalen Hymnen. Die Tempel entleerten sich, und die ganze Komödie hatte nach wenigen Jahren ein Ende. Um das Volk durch einen neuen Gottesdienst ernstlich zu packen und festzuhalten, bedarf es drastischerer Mittel. Hat man es gelehrt, die christlichen Sakramente verachten, so wird es nur befriedigt, wenn man es in den Wirbel des Hexensabbaths hineinzieht und mit dem Sakrament des Teufels sättigt.

Das Phantom des Humanismus und Theophilanthropismus erbleicht und verschwindet vor dem rothen Gerippe, dessen brennende Farbe in immer neuem Blutvergießen auf Erden aufgefrischt wird. Ein Poseidon im Blutmeer, peitscht es die wilden Rosse des Todes über die Leichen der Völker.

7.
## Der Antichrist.

Ist es nicht genug? sollen wir uns in so trübe Vorstellungen von der Zukunft noch tiefer versenken? Unsere

Visionen sind nicht maßgebend, es kann durch Gottes gnädige Fügung alles anders kommen und sich besser gestalten. Aber aus den Prämissen der Gegenwart lassen sich keine hoffnungsreichen Schlüsse ziehen, und wenn wir die Bibel zur Hand nehmen, um in ihren Blättern Trost zu suchen, so finden wir auf ihren letzten Blättern die Offenbarung Johannis.

Wenn die Völker nach dem jetzt herrschend gewordenen Nivellirungssystem sich alle werden vermischt haben, so daß der klare Geist oben mit dem trüben Satz unten durcheinander gerührt und zum Wein der Gebildeten das Bier der Philister, der Schnaps der Wühler und der Essig des Fabrikelendes hinzugekommen seyn werden, dann wird nach einer starken Erhitzung die Masse in die faulige Gährung übergehen.

Das Christenthum wird dann ein Ende nehmen. Seine Sonne, wie sie aus den Wolken der Verfolgung, die immer dünner und lichter wurden, siegreich emporgestiegen ist, wird wieder in Wolken der Verfolgung, die immer dichter und schwärzer werden, untergehen und nicht mehr gesehen werden. Es wird noch Märthrer geben und Heilige, aber sie werden nicht gerühmt, nicht mehr auf Altäre gestellt, sie werden vergessen werden. Ihr Name wird nur im Himmel aufgeschrieben seyn. Heiden und Juden werden um den Besitz der Erde streiten. Die Juden, unter denen jetzt schon einige öffentlich haben drucken lassen, sie werden zuletzt die Welt allein regieren, werden sich gröblich getäuscht sehen, denn die Heiden haben die Ueberzahl und werden ihnen ihren Mammon, ehe sie sich's versehen, mit Gewalt wegnehmen.

Die Heiden werden von da an ohne alle Rücksicht und Scham nur noch das vergöttern, was ihren Begierden schmeichelt. Sie werden die Rücksichten, welche bisher die nackte Befriedigung der Begierden einschränkten oder auch nur verschleierten, als Heuchelei und Lüge früherer Zeit gründlich und alles Ernstes verachten und stolz seyn nicht nur auf ihre Freiheit, ihr Recht, sondern auch auf die Wahrheit und die Natürlichkeit, mit der sie sich dieser Freiheit bedienen, dieses Recht ausüben. Nur das werden sie nicht überlegen, daß die Begierde mit ihrer Freiheit davon rennen wird, denn die Begierde macht jeden zum Sclaven, der sie hegt, und je freier sie sich äußern darf, um so gewisser wird sie gleich einem wild gewordenen Rosse den Reiter dahinreißen. Die Begierde ist ein fressendes Feuer, eine nie zu sättigende Wollust und Habgier. Ein uraltes Naturgesetz straft den von Gott abgefallenen Geist immer durch das Fleisch. Jede Hoffahrt des Geistes muß in grober Sinnlichkeit enden.

Wenn nun infolge des großen Nivellements der menschlichen Gesellschaft alles, was darin früher untergeordnet, niedrig, unmündig und dienstbar war, emancipirt seyn wird, läßt sich denken, in welches Gedränge die vornehmen Geister mit ihrem Epicuräismus kommen werden. Wenn sie die Moral über Bord werfen, wollen sie mit ihren Sinnen wenigstens fein und geschmackvoll genießen, und nun tappen die demokratischen Kentauren herein und zerstampfen ihnen die Blumenbeete. Wenn der Pöbel Herr wird, entstehen sociale Ungeheuerlichkeiten. Der Uebermuth der ungewohnten Macht und die unstäte Begier, die, kaum halb gesättigt, schon wieder einen andern Gegenstand anpackt, erzeugen einen Wahnsinn, wie der des Heliogabal war. Das Volk rast dann mit seinen ehemaligen Tyrannen um die Wette. So lesen wir, daß die äußerste Fortschrittspartei unter den Husiten sich aller Kleider entledigte, weshalb man sie Adamiten nannte. Auf den Wiener Barrikaden sah man im Jahr 1848 am hellen Tage nackte Vesuviennes unsinnige Possen treiben. Vielweiberei haben die christlichen Mormonen eingeführt. Gemeinschaft der Weiber haben die Communisten verlangt, Emancipation der Weiber wird wiederholt in England und Deutschland reclamirt. Mit der Civilehe und der leichten Ehescheidung nimmt es einen raschen Fortgang. Wahlverwandtschaften empfahl schon der große Goethe statt der christlichen und gesetzlichen Ehe. Bald im Namen der lieben Natur und des guten Herzens, bald im Namen der Freiheit wetteiferten die französischen und deutschen Dichter, beide Geschlechter vom sechsten Gebot zu dispensiren und die Ehe als einen unerträglichen Zwang zu verwünschen. Die Heine'sche Judenschule schrieb die Emancipation des Fleisches auf ihre Fahne, und der moderne Materialismus verdammt das Christenthum, weil es der Natur Zwang anthue, die Befriedigung des natürlichsten Triebes verbiete und die nackte Schönheit des Leibes zu verhüllen vorschreibe. Das sind Symptome eines neuen Venuscultus, der für viele Leute wahrscheinlich einen außerordentlichen Reiz haben wird. Es würde an Dichtern und Künstlern nicht fehlen, die, wenn einmal die öffentliche Scham im Namen der Freiheit überwunden wäre, diesem Cultus einen gar anmuthigen und verlockenden Anstrich geben würden. Die Nachtfeier der Venus in Paphos von Bürger ist schon sehr einladend. Wie viel schöner müßten solche Nächte seyn, als die noch von der Polizei überwachten Nächte in Paris und Wien. Die liebe Natur müßte nicht nur ganz ungehindert seyn, sondern die Lüderlichkeit könnte sich auch noch für Gottesdienst ausgeben. Und sind die Mormonen nicht jetzt schon glücklich zu preisen, bei denen Bälle, thés dansants und Theater wirklich zum Gottesdienst gehören, und deren Oberpriester seine eigene Tochter feierlich zur Priesterin Thaliens einsegnet?

Die Spiritualisten in den Vereinigten Staaten von Nordamerika, deren man bereits vier Millionen zählt, geben einen Vorgeschmack von dem, was kommen soll. Sie huldigen nämlich theils dem Communismus, der Güter- und Weibergemeinschaft, theils der „freien Liebe", theils aber auch dem ungeheuerlichsten Aberglauben des Tischrückens, der Klopfgeister, der Visionen, wie denn immer die zwei Extreme der Freigeisterei und der Dämonomanie sich berühren. Brisbane gründete zu Red Bank eine communistische Gemeinde nach Fouriers System mit Güter- und Weibergemeinschaft. Der zwanzigjährige Schuster Davis gründete eine Gemeinschaft von Liebenden ohne Ehe, was man die „große Harmonie" nannte. Aehnliche Gemeinden, deren Mitglieder sämmtlich in freier Liebe lebten, entstanden zu Berlin Heights und Modern Times. Beide Namen sind sehr charakteristisch, weil sich an den ersten die Erinnerungen an die Lüderlichkeit in Berlin knüpfen, im zweiten aber der Untergang der alten Zeit mit ihren Vorurtheilen und Freiheitsbeschränkungen und der Beginn einer ganz neuen Zeit proclamirt wird. Eine ganz ähnliche Genossenschaft gründete Ripley unter dem Namen eines poetischen Pikniks mit ästhetischem Anstrich nach dem Muster der Goethe'schen Wahlverwandtschaften. Endlich etablirte sich mitten unter den Yankees auch ein „Orden der Ritter und Nymphen", der sich einen Tempel der Liebe baute mit den Statuen der Venus und des Amor, und sich amüsirte, wie einst die Griechen zu Paphos. Das ist der erste reelle Anfang eines Cultus, der vielleicht die Welt noch einmal erobern wird, wie er es schon früher gethan hat. Gleichzeitig bauen die

Chinesen in der altkatholischen Spanierstadt San Franzisko, die jetzt den Yankees gehört, ihrem Buddha einen großen Tempel. Wenn erst einige Prozente der 360 Mill. Chinesen herüber gekommen seyn werden, wird die Mischung der alten und neuen Heiden noch bunter werden.

Und war es nicht höchst charakteristisch, daß die Franzosen während ihrer großen Revolution, um die Vernunft als eine sichtbare Gottheit darzustellen, zu der Rolle solcher s. g. Vernunftgöttinnen die schönsten Frauen oder Mädchen auswählten und zwar halb oder ganz entkleidet? So führte man sie im Triumph durch die Straßen, stellte sie sogar in den Kirchen zur Anbetung aus und sang ihnen Hymnen. Der Präsident des Conventes gab einmal in offner Sitzung einer solchen Göttin den Bruderkuß, um dadurch die Vermählung der Republik mit der Vernunft auszudrücken. Die Logik der Republikaner, wonach die Vernunft durch das „Meisterstück der Natur" personificirt werden sollte, war freilich etwas seltsam, entsprach aber ganz den Gesinnungen. Vernunft hieß eben weiter nichts als: Befriedige deine Sinne ohne Scheu und Scham!

Auch eine Art von heidnischem Bachusdienst trat damals wieder ins Leben, hervorgegangen aus derselben Sinnlichkeit, aber mit einer frechen Verhöhnung des christlichen Sakramentes verbunden. Als die Franzosen im Jahr 1796 unter Jourdan und Moreau in Deutschland einbrachen, pflegten sie in den Quartieren eine große Schüssel mit Branntwein zu füllen, Zucker hineinzuwerfen und dann anzuzünden. Alle Lichter wurden ausgelöscht und beim fahlen Schein der blauen Spiritusflamme sangen sie Hymnen auf das être suprême, welches die Flamme darstellen sollte, feierten im Dunkel umher scheußliche Orgien und theilten dann, wenn die Flamme erloschen war, das süße Getränk unter sich und ihre Dirnen wie ein Sakrament aus.

In neuerer Zeit hat der berühmte Proudhon von den heidnischen Göttern Umgang genommen und einen Cultus empfohlen, der unmittelbar aus dem Christenthum hervorwachse und doch sein Gegentheil seyn soll. Er lehrt nämlich, Christus habe es eigentlich gut mit der Menschheit gemeint und habe sie wirklich vom Uebel erlösen, aber unbegreiflicher und unverantwortlicher Weise dabei an Gott festhalten wollen, der grade die Quelle des Uebels für die Menschen sey. Er sey also auf halbem Wege umgekehrt und ein anderer müsse nun das Werk der Erlösung übernehmen. Aber wer? — Der Teufel. Proudhon sagt in seinem Werke la révolution p. 290: „Vor mehr als achtzehn Jahrhunderten versuchte ein Mann, was wir heute versuchen: die Regeneration der menschlichen Gesellschaft. An der Untadelhaftigkeit seines Lebens, an seiner erstaunlichen Intelligenz, an den erhabenen Ausbrüchen seines Zornes glaubte der Genius der Revolutionen, der Feind des Ewigen, einen Sohn zu erkennen. Der tritt vor ihn und zeigt ihm die Königreiche der Erde mit den Worten: Alle will ich dir geben, wenn du mich für deinen Meister anerkennst und anbetest. Nein, erwiderte der Nazarener, ich bete Gott an und diene nur ihm allein. Der inconsequente Reformator wurde gekreuzigt. Nach ihm waren die Pharisäer, die Priester und die Könige größere Unterdrücker, raubgieriger und infamer als je, und die Aufgabe der Revolution, zwanzigmal fallen gelassen, ist ein Problem geblieben. Zu mir, Satan, wer du auch bist, Geist, den der Glaube meiner Väter Gott und der Kirche gegenübergestellt! Ich will das Wort für dich führen und Nichts von dir verlangen. Ich weiß, diejenigen, welche fragen, was wir an die Stelle der

Regierung zu setzen gesonnen sind, werden auch wissen wollen, womit wir die Stelle Gottes ausfüllen. Ich weiche vor keiner Schwierigkeit zurück. Ich erkläre in der Aufrichtigkeit meiner Ueberzeugung, abweichend von den alten Atheisten, daß es mir in der That die Aufgabe der Philosophie zu seyn scheint, diese Lücke auszufüllen. Wir werden, ich gestehe es, wie es nicht genügt die Regierung aufzuheben, ohne Anderes an die Stelle zu setzen, so auch die Elimination Gottes nicht zu Stande bringen, wenn wir nicht die unbekannte Größe mit in die Rechnung ziehen, welche in der Reihe der menschlichen Einfälle und der socialen Entwickelungen auf denselben folgt. Komm' du von den Priestern und den Königin verketzerter Satan! komm' daß ich dich umarme und an meine Brust drücke. Schon längst kennen wir uns, ich dich und du mich. Deine Werke, du Gesegneter meines Herzens, sind nicht immer schön, nicht immer gut; sie allein aber bringen Sinn in's Universum; ohne dich wäre es eine Albernheit. Was wäre ohne dich die Gerechtigkeit? ein Instinct; die Vernunft? eine bloße Routine; der Mensch? ein Stück Vieh. Du allein gibst der Arbeit Reiz und machst sie fruchtbar; du veredelst den Reichthum, du dienst der Autorität zur Entschuldigung, du gibst der Tugend die Krone. Laß' den Muth nicht sinken, armer Geächteter! Ich habe nichts als meine Feder, sie deinem Dienste zu weihen; aber sie ist mehr werth als Millionen von Bulletins."

In diesem Cultus des Satans liegt nicht blos ein persönlicher Wahnsinn oder eine kokette Bizarrerie Proudhons, sondern der Anfang einer Zusammenschmelzung aller Negationen zu einer einzigen, letzten und allgemeinen Negation, in der Anbetung des Widersachers von Anfang, des verneinenden Geistes schlechthin.

Da hätten wir den Antichrist, den uns die Offenbarung Johannis verkündet hat. Ohne Zweifel liegt Methode in dem Wahnsinn Proudhons. Immer weiter vom Princip alles Guten hinwegflüchtend, muß sich die Menschheit zuletzt auf der grade entgegengesetzten Seite an das böse Princip anklammern und an ihm hängen bleiben.

Eine alte sinnreiche Sage faßt den Antichrist nicht als den von der Menschheit unabhängigen Dämon, sondern als ein Produkt der Menschen selbst, als eingeborenen Sohn der sündigen Menschheit auf, als den vereinigten bösen Willen aller Menschen in einer Personification, welche vollkommen folgerecht dem Christ als Antichrist gegenüber steht. Es ist eine alte Sage, von den Juden des Talmud aufbewahrt oder der Offenbarung Johannis nur nachgebildet, jedenfalls entstanden unter den Eindrücken der tiefsten heidnischen Corruption im römischen Kaiserthum. In den letzten Zeiten, so berichtet die Sage, wird man eine weibliche Statue von weißem Marmor finden, so schön, daß alle Männer auf Erden von ihr werden bezaubert seyn, nicht von ihr lassen können und mit ihr buhlen werden. Dadurch wird Leben in den Marmor kommen, die Statue wird wachsen und endlich einen ungeheuern Riesen gebären, genannt Armillus, den die Menschen für ihren Herrn erkennen werden und der sie alle beherrschen und durch den das Maaß der Sünden auf Erden erfüllt werden wird, bis Gott Feuer vom Himmel wird regnen lassen, um die Bösen alle zu vertilgen. Diese sagenhafte Variante der Apokalypse ist insofern bedeutsam, als sie die verführerische Leibesschönheit als Hauptmotiv der Sünde und des Verderbens betont. So faßten schon die alten Griechen das erste Weib, die Pandora mit dem Gefäß, worin alle Uebel enthalten sind, und die schöne Helena, das reizvollste aller Weiber auf. Dieselbe Helena war es wieder, die in der geistvollen Faustsage am Schluß des Mittelalters die aus dem Grabe geweckte antike Schönheit, den Zauber der Renaissance bedeutete. Denselben Sinn hatte die wunderschöne weiße Marmorstatue auf dem Bilde des Spagnoletto, dessen wir früher gedacht haben. Und dieses schöne Bild verfolgt die Menschheit bis zum Ende der Erde, es wird die Mutter des Antichrist.

Mit dieser letzten Hieroglyphe der Weltgeschichte sey auch dieses Buch beschlossen.

---

Druckfehlerverzeichniß.

Seite 107. Zeile 1 von unten lies „erschraken".
„ 111. Z. 16 v. u. l. „Alle diejenigen" statt: Allen denen
„ 207. Z. 6. v. o. l. „Bürgerversammlung."
„ 255 Z. 2 v. o. l. Fabrikwesen.

Druck von J. B. Hirschfeld in Leipzig.

## Nachwort der Verleger.

Dem Verfasser ist es leider nicht vergönnt gewesen, der zweiten Auflage seines Buches die Berichtigungen und Ergänzungen zu Theil werden zu lassen, welche seit dem Erscheinen der ersten Auflage im Jahre 1869 nöthig geworden wären, es muß deshalb diese nach dem am 23. April d. J. erfolgten Tode des Verfassers veranstaltete zweite Auflage mit Ausnahme weniger Stellen, die der Verfasser in seinem Handexemplar berichtigt hatte, unverändert erscheinen.

Verlag von Heyder & Zimmer in Frankfurt a. M.

## Karl Sudhoff
# In der Stille.

### Poetischer Theil.

**Vierte Auflage.** 16°. XL u. 908 S. broch. 1½ Thlr. in Leinw. geb. 2 Thlr.

Inhalt: Stille zu Gott. Heilige Zeiten. Des Glaubens Kampf und Sieg. Leben in Christo. Die letzten Dinge. 1. Heimwehlieder. 2. Heimfahrt. 3. Trostlieder. 4. Die Vollendung. — Erläuterungen und Nachrichten über die Dichter.

Ein Begleiter auf der Wanderung durch dieses Leben.

### Prosaischer Theil.

16°. XX u. 812 Seiten. broch. 1½ Thlr., in Leinw. geb. 2 Thlr.

Inhalt: Lebensfragen. Gott u. seine Wege. Der Mensch u. seine Geschichte. Christus u. sein Werk. Die Straße des Heils. Lebensweisheit. Das Haus. Die Kirche. Die Vollendung.

Eine Gedankencollecte religiöser wie sittlicher Wahrheiten in Aussprüchen bedeutender Dichter und Denker zum Verständniß der Dinge auf Erden und im Himmel.

---

**Die heilige Schrift** in berichtigter Uebersetzung mit Einleitungen und Anmerkungen v. J. Fr. von Meyer. Ausgabe letzter Hand. 3 Thlr.

**Andreä, J. V.** Die Kämpfe des christlichen Herkules. Ein altes Buch für die neue Zeit. cart. 10. ngr.

„Die Schriftchen J. V. Andreä's enthalten wahre Arznei für die geheimen Wunden der Neuzeit, ja dieser Mann gehört so recht eigentlich für die neuere Zeit und ich wünsche ihr in vielem einen J. V. Andreä." Herder.

**Andreä, Dr. V.** (Lic. der Theologie). Die Weltanschauung des Glaubens in einer prakt. Erklärung des Hebräerbriefes. 20 ngr.

**Augustin's Bekenntnisse.** Aus dem Lateinischen v. Dr. Fr. Merschmann. S. broch. 1 Thlr.

Die erste vollständige Uebersetzung des erhabensten Werkes des christlichen Alterthums, eines classischen Erbauungsbuchs für alle christlichen Confessionen

**Bengel, J. A.** Von der rechten Weise mit göttlichen Dingen umzugehen. Von der Uebereinstimmung des Alten u. Neuen Testaments. Vom Beten aus dem Herzen. 4 ngr.

**Bunyan, J.** Des Christen Wallfahrt nach der himmlischen Stadt. Aus dem Engl. v. F. H. Ranke. Mit Einleitung v. G. H. v. Schubert. 4. Aufl. 5 ngr.

> „Die größten englischen Kritiker mußten gestehen, daß Bunyans „Wallfahrt" ein Meisterstück sei. — Bunyan ist in der That ebenso entschieden der erste der Allegoriker, wie Demosthenes der erste der Redner oder Shakespeare der erste der Dramatiker." Th. B. Macaulay.

**Evertsbusch, St. Fr.** Das Vaterunser oder das Christenthum als Gebet. 2. Aufl. 1½ Thlr.

**Glaubrechts ausgewählte Schriften.** Nebst Lebensbeschreibung und Bildniß. broch. 1⅓ Thlr.

**Guth, Euthanasia.** Ein Gedenkbüchlein für Kranke, Sterbende, Trauernde. 15 ngr.

**Israël, C.** Geistliche Hausmusik. Gesänge älterer Meister. hoch 4. 20 ngr.

**Möbius, R.** Die materialistischen Ideen in der modernen Volkserziehung und ihre Gegensätze zum Reiche Gottes. Zur Orientirung über die Forderungen der modernen Erziehungswissenschaft. 20 ngr.

**Der Hausaltar.** Morgengruß und Feierabend in christlichen Familien. Von Dr. H. Puchta. 3. Aufl. broch. 18 ngr.

> „Ein poetisches Andachtsbuch, in welchem sich mustergiltige Form mit gediegenem evangelischen Inhalt verbindet — weitaus das geist= und seelenvollste von allen neuern Büchern dieser Art." A. Knapp.

**Gebete über Worte der heiligen Schrift** für die Zeiten des Kirchenjahrs, die Tage der Woche, die Feier des heil. Abendmahls, die Zeiten der Trübsal. Von Dr. Fr. H. Ranke. n. S. broch. 1 Thlr.

**Schubert, Dr. G. H. von,** Altes und Neues aus dem Gebiete der innern Seelenkunde. Neue Folge. 2 Bde. 3. Aufl. 2¼ Thlr.

— Biographien und Erzählungen. 3 Bde. 3 Thlr.

**Teichmann, C.** Zeitpredigten zur Würdigung der Aufgaben des Christenthums in der Gegenwart. 24 ngr.

**Thiersch, Dr. H.** Ueber christliches Familienleben. 6. Aufl. 20 ngr.

**Wackernagel, Dr. Ph.,** Trösteinsamkeit in Liedern. 4. Aufl. Mit Melodien. broch. 1 Thlr.

**Zezschwitz, von,** Innere Mission, Volkserziehung und Prophetenthum. 10 ngr.

---